STARTUPS

ANÁLISE DE ESTRUTURAS SOCIETÁRIAS E DE INVESTIMENTO NO BRASIL

2022 • 2ª Edição

Edgar Vidigal de Andrade Reis

ALMEDINA

STARTUPS
ANÁLISE DE ESTRUTURAS SOCIETÁRIAS E DE INVESTIMENTO NO BRASIL
2ª EDIÇÃO

AUTOR: Edgar Vidigal de Andrade Reis

DIRETOR ALMEDINA BRASIL: Rodrigo Mentz
EDITORA JURÍDICA: Manuella Santos de Castro
EDITOR DE DESENVOLVIMENTO: Aurélio Cesar Nogueira
ASSISTENTES EDITORIAIS: Isabela Leite e Larissa Nogueira
ESTAGIÁRIA DE PRODUÇÃO: Laura Roberti

DIAGRAMAÇÃO: Almedina
DESIGN DE CAPA: Roberta Bassanetto

ISBN: 9786556276946
Outubro, 2022

Dados Internacionais de Catalogação na Publicação (CIP)
(Câmara Brasileira do Livro, SP, Brasil)

Reis, Edgar Vidigal de Andrade
Startups : análise de estruturas societárias e de investimento no Brasil / Edgar Vidigal de Andrade Reis. -- 2. ed. -- São Paulo, SP : Almedina, 2022.

ISBN 978-65-5627-694-6

1. Contratos - Brasil 2. Direito societário - Brasil 3. Empreendedores 4. Empreendimentos 5. Empresas 6. Investimentos - Brasil 7. Negócios 8. Participação societária I. Título.

22-124927 CDU-347.72(81)

Índices para catálogo sistemático:

1. Brasil : Empreendimento por meio de startups: Análise de estruturas societárias e de investimento : Direito societário e contratual 347.72(81)

Eliete Marques da Silva - Bibliotecária - CRB-8/9380

Este livro segue as regras do novo Acordo Ortográfico da Língua Portuguesa (1990).

EDITORA: Almedina Brasil
Rua José Maria Lisboa, 860, Conj.131 e 132, Jardim Paulista | 01423-001 São Paulo | Brasil
www.almedina.com.br

STARTUPS

AGRADECIMENTOS

Agradeço à minha esposa, Renatta, por todo amor, carinho, apoio, incentivo e companheirismo de sempre.

Aos meus pais, Cecília e Eduardo, por serem meus maiores exemplos e pelo amor incondicional.

Às minhas irmãs, Cristina, Marta e Lúcia, por estarem presentes em todos os momentos, compartilhando os de felicidade e amenizando os de tristeza.

Aos meus sobrinhos e afilhadas, Lucas, Alice, Larissa e Luísa, por tornarem meus dias mais leves e felizes.

Aos meus avós, Alda, Roberto, Heloísa e Edgar, e à toda a minha família, pelo papel fundamental que sempre tiveram em minha vida.

Ao Bart, à Vicky, ao Caco e ao Johnny, pelo companheirismo e amor puro típico dos cachorros e por me fazerem sorrir de orelha a orelha com apenas um olhar em qualquer situação.

Às minhas orientadoras, professoras Ana Cristina von Gusseck Kleindienst e Maria Isabel Carvalho Sica Longhi, e ao professor Caio Scheunemann Longhi, pelos ensinamentos e empenho em tornar esta obra melhor.

Ao professor e amigo André Antunes Soares de Camargo, pelo apoio contínuo oferecido de bom grado desde o início da minha trajetória no Insper.

Ao Insper e a todos os professores com quem tive o prazer de aprender, pelo conhecimento transmitido e comprometimento em fazer desta uma experiência única.

Aos colegas de classe, amigos, clientes e a todos os demais que, direta ou indiretamente, e às vezes mesmo sem saberem, auxiliaram na elaboração desta obra.

Ao Grupo Almedina, por possibilitar esta publicação.

NOTA À SEGUNDA EDIÇÃO

O intuito principal desta segunda edição é atualizar a edição anterior, publicada em 2018, com as mudanças legislativas e regulatórias que ocorreram nesse período, dentre as quais se destacam: (a) a criação da sociedade limitada unipessoal; (b) o entendimento do DREI de que sociedades limitadas podem ter quotas preferenciais sem direito a voto; (c) a publicação do Marco Legal das *Startups* e do Empreendedorismo Inovador; (d) a nova resolução da CVM acerca do *crowdfunding* de investimento; (e) a criação do voto plural nas sociedades anônimas e outras alterações realizadas na Lei n. 6.404/76 (Lei das Sociedades por Ações); (f) a extinção das empresas individuais de responsabilidade limitada e outras alterações realizadas na Lei n. 10.406/02 (Código Civil); além de outras atualizações menos relevantes para este livro. Esta edição contempla as mudanças legislativas e normativas ocorridas até 28 de julho de 2022.

Aproveitando a oportunidade, foram incluídos itens que tratam do *corporate venture capital* e do *venture debt*, além de uma seção para abordar os pontos principais do Marco Legal das *Startups* e atualizações de informações que acabaram ficando defasadas neste espaço de aproximadamente 4 anos.

PREFÁCIO À PRIMEIRA EDIÇÃO

A vida acadêmica nos proporciona uma série de experiências gratificantes. Aprendemos novos conceitos, novas ideias, novas visões de mundo. Conhecemos diferentes teorias e diferentes formas de pensar. A cada dia somos surpreendidos de alguma forma.

Edgar é uma daquelas boas surpresas que tive nesses meus mais de 16 anos de docência. Sempre educado, interessado, questionador, apresentava seus pontos de vista em praticamente todos os assuntos técnicos nos diversos debates que tínhamos em nossas disciplinas, marcando sua posição pessoal mesmo quando discordava de seus colegas e, em especial, do signatário. Todo professor valoriza quem o desafia no bom sentido, trazendo novas ideias, novos rumos para a condução da sua aula, não só reproduzindo o óbvio. Edgar fez a diferença como *alumnus* dos programas de LL.M. em Direito S ocietário e Direito dos Contratos do Insper.

Jamais imaginaria que Edgar fosse simplesmente preencher os requisitos formais para concluir os referidos programas de pós-graduação *lato sensu*. Desde o primeiro momento, Edgar queria mais. Certo dia, na abertura da disciplina "Ética e Metodologia do Trabalho Científico", formulei a seguinte pergunta à turma: "Quem de vocês tem o sonho de publicar um livro?". Edgar não hesitou em responder positiva e sorridentemente.

E cá estamos, caro leitor, cara leitora. São trajetórias como essas que merecem destaque e registro de um mero professor que tem um baita orgulho desse "menino" que se tornou "gente grande" nos últimos tempos e certamente irá longe por onde trilhar seus sonhos. Edgar nos brinda com esta obra excepcional, aprovada por banca examinadora rigorosa de professores e convidados do Insper, versando sobre um tema extremamente atual, cuja aplicabilidade prática é inequívoca a quem milita na área empresarial e empreende no ambiente empresarial tumultuado que é o brasileiro dos dias atuais.

Edgar escolhe, vejam bem, o tema "do momento" e traz à discussão as mais importantes questões societárias e de investimento relacionadas. Precisávamos de uma análise como essa de quem não só milita na área, mas também se debruçou com afinco sobre bibliografia especializada, reportagens e outras fontes riquíssimas sobre o assunto. Seu texto é claro, objetivo e rico em recomendações práticas a todos que enfrentam os desafios do mundo do empreendedorismo. A literatura sobre o tema é ainda incipiente em nosso país, mais um motivo pelo qual a obra de Edgar traz uma contribuição incrível ao debate. Aprendemos com o texto e esperamos que você também tire proveito da leitura.

Aprendi nessas quase duas décadas na academia que um dos sinais do envelhecimento transparece quando sentimos orgulho pelos outros. Edgar encarou uma experiência de aprendizagem rigorosa com seriedade, com respeito, com humildade, com postura colaborativa e com muito esforço, alcançando hoje seu maior resultado: a publicação de sua monografia. Parabéns ao Edgar por mais essa conquista!

André Antunes Soares de Camargo
Sócio de TozziniFreire Advogados e Professor do Insper

SUMÁRIO

1. INTRODUÇÃO

Startup é um termo advindo da língua inglesa, cujo significado original, em uma tradução livre, é "o ato ou processo de iniciar uma operação ou movimento".[1] Há algumas décadas, porém, vem sendo muito empregado para referir-se a negócios recém-constituídos, com baixo custo de manutenção e elevado grau de incerteza de sucesso, que buscam atingir um crescimento rápido, apoiando-se para tanto na oferta de produtos ou serviços inovadores aos olhos do mercado em que estão inseridos e com alto potencial de escalabilidade, geralmente utilizando-se da *internet* ou outras tecnologias inovadoras.[2-3]

[1] "'Startup.' 1. The act or process of setting into operation or motion." (STARTUP. In: **American Heritage Dictionary of the English Language**. 5.ed. Houghton Mifflin Harcourt Publishing Company, 2011. Disponível em: <http://www.thefreedictionary.com/startup>. Acesso em: 20 nov. 2016).

[2] O conceito de *startup* apresentado foi elaborado a partir da análise das definições trazidas por diversos autores, sendo pinçado de cada definição o que ao autor desta obra pareceu mais pertinente. As definições tomadas por base foram: **(a)** Ries, Eric. **A startup enxuta**: como os empreendedores atuais utilizam a inovação contínua para criar empresas extremamente bem-sucedidas. — São Paulo: Lua de Papel, 2012. p. 24; **(b)** Falcão, João Pontual de Arruda. Uma visão 360º do direito brasileiro aplicável às startups. In: Júdice, Lucas Pimenta (coord.). **Direito das startups** — volume II. Curitiba: Juruá, 2017, p. 18; **(c)** Gitahy, Yuri. O que é uma startup?. **Revista Exame**. Out. 2010, passim. Disponível em: <https://abr.ai/1uWEtcd>. Acesso em: 27 mai. 2016; e **(d)** Marques, Rafael Younis. **Notas conversíveis no equity crowdfunding**: sociedade de fato e risco de responsabilidade pessoal do investidor. Coleção Academia-Empresa 14. São Paulo: Quartier Latin, 2015, p. 20.

[3] Há, ainda, a definição legal, trazida pelo Marco Legal das Startups e do Empreendedorismo Inovador (Lei Complementar n. 182/2021), que assim delimita o que são *startups*: "Art. 4º

Em que pese envolvam um elevado grau de risco, uma quantidade relevante de empreendimentos vem sendo realizada na forma de *startups* ao redor do mundo,[4-5] principalmente por sua forma enxuta, baixo investimento inicial e possibilidade de rápido crescimento.

São enquadradas como startups as organizações empresariais ou societárias, nascentes ou em operação recente, cuja atuação caracteriza-se pela inovação aplicada a modelo de negócios ou a produtos ou serviços ofertados. § 1º Para fins de aplicação desta Lei Complementar, são elegíveis para o enquadramento na modalidade de tratamento especial destinada ao fomento de startup o empresário individual, a empresa individual de responsabilidade limitada, as sociedades empresárias, as sociedades cooperativas e as sociedades simples: I — com receita bruta de até R$ 16.000.000,00 (dezesseis milhões de reais) no ano-calendário anterior ou de R$ 1.333.334,00 (um milhão, trezentos e trinta e três mil trezentos e trinta e quatro reais) multiplicado pelo número de meses de atividade no ano-calendário anterior, quando inferior a 12 (doze) meses, independentemente da forma societária adotada; II — com até 10 (dez) anos de inscrição no Cadastro Nacional da Pessoa Jurídica (CNPJ) da Secretaria Especial da Receita Federal do Brasil do Ministério da Economia; e III — que atendam a um dos seguintes requisitos, no mínimo: a) declaração em seu ato constitutivo ou alterador e utilização de modelos de negócios inovadores para a geração de produtos ou serviços, nos termos do inciso IV do caput do art. 2º da Lei n. 10.973, de 2 de dezembro de 2004; ou b) enquadramento no regime especial Inova Simples, nos termos do art. 65-A da Lei Complementar n. 123, de 14 de dezembro de 2006. § 2º Para fins de contagem do prazo estabelecido no inciso II do § 1º deste artigo, deverá ser observado o seguinte: I — para as empresas decorrentes de incorporação, será considerado o tempo de inscrição da empresa incorporadora; II — para as empresas decorrentes de fusão, será considerado o maior tempo de inscrição entre as empresas fundidas; e III — para as empresas decorrentes de cisão, será considerado o tempo de inscrição da empresa cindida, na hipótese de criação de nova sociedade, ou da empresa que a absorver, na hipótese de transferência de patrimônio para a empresa existente." (BRASIL. Lei Complementar n. 182, de 1º de junho de 2021. Institui o marco legal das startups e do empreendedorismo inovador; e altera a Lei n. 6.404, de 15 de dezembro de 1976, e a Lei Complementar n. 123, de 14 de dezembro de 2006. **Palácio do Planalto Presidência da República**, Brasília, DF, 1 jun. 2021. Disponível em: <http://www.planalto.gov.br/ccivil_03/leis/lcp/Lcp182.htm>. Acesso em: 27 jul. 2022).

[4] Conforme relatório elaborado em 2017 pela Funderbeam (plataforma europeia de investimentos em *startups* em estágio inicial), há uma média de 5 *startups* a cada cem mil habitantes na Europa, sendo que esse número é bem maior em alguns países, como, por exemplo: Islândia (38), Irlanda (34), Estônia (31), Finlândia (22), Israel (21), Reino Unido (15), Dinamarca (14), Holanda (11), Suécia (10) e França (8) (FUNDERBEAM. **Startup Investment Report: Estonia**. 2017, p. 7. Disponível em: <https://www.funderbeam.com/api/reports/2017est>. Acesso em: 18 ago. 2018).

[5] Nos Estados Unidos da América, país onde a cultura do empreendedorismo na forma de *startups* é mais consolidada, a quantidade de *startups* a cada cem mil habitantes no ano de 2016 era de 395,4 na cidade de Palo Alto, 145,4 em São Francisco e 10,7 em Nova Iorque, de acordo com relatório patrocinado pelo James A. Baker III Institute for Public Policy (EGAN,

A opção feita por tantos empreendedores pela constituição de *startups* só é viável por haver também uma significativa quantidade de investidores que, seduzidos pelos inúmeros casos de sucesso (como as estrangeiras Google, Facebook, Instagram, GoPro, Waze e Uber, e as nacionais 99, Nubank, QuintoAndar e Loft, entre tantas outras) e pela possibilidade real de multiplicação dos valores investidos, têm demonstrado interesse em aportar seus recursos nesse tipo de negócio.[6-7]

Desta forma, principalmente a partir dos anos de 1990, o empreendimento por meio de *startups* tem crescido de maneira acelerada; inicialmente no Vale do Silício, na Califórnia, Estados Unidos da América (EUA), para em seguida alastrar-se rapidamente ao redor do mundo.[8]

No Brasil, as *startups* vêm ocupando espaço nobre na mídia especializada há pouco mais de uma década, e cada vez com maior regularidade,[9]

Edward J.; DAYTON, Anne; CARRANZA, Diana. **The Top 100 U.S. Startup Cities in 2016.** James A. Baker III Institute for Public Policy. Dez. 2017, p. 4. Disponível em: <https://bit.ly/2nP57pa>. Acesso em: 18 ago. 2018).

[6] Conforme relatório elaborado pela Funderbeam, o investimento em *startups* ao redor do mundo no ano de 2017 foi de aproximadamente 119,84 bilhões de dólares norte-americanos (FUNDERBEAM. **Global Funding Report 2017**. 2018, p. 10. Disponível em: <https://www.funderbeam.com/api/reports/2017>. Acesso em: 18 ago. 2018).

[7] Conforme relatório elaborado pelo Distrito, o investimento em *startups* no Brasil em 2021 ultrapassou 9,4 bilhões de dólares, representando um crescimento superior a 2,5 vezes o resultado de 2020, quando foram investidos 3,5 bilhões de dólares em *startups* no Brasil, e um aumento de 13,6 vezes o resultado de 2017, ano em que houve o investimento de 691 milhões de dólares nesse setor no país (Conforme: DISTRITO. **Report Retrospectiva 2021**. Disponível em: <https://distrito.me/dataminer/reports/>. Acesso em 27 jul. 2022).

[8] Em pesquisa realizada entre setembro e outubro de 2017 pela Associação Brasileira de Startups (ABStartups), em parceria com a Accenture, 83,41% das mais de uma mil *startups* brasileiras analisadas foram fundadas nos quatro anos anteriores à pesquisa, sendo que 45,82% das *startups* avaliadas tinham dois anos ou menos de existência. Esses números demonstram o crescimento na quantidade de *startups* no Brasil nos últimos anos. (ABSTARTUPS — ASSOCIAÇÃO BRASILEIRA DE STARTUPS; ACCENTURE. **Radiografia do ecossistema brasileiro de startups**. 2017, p. 28. Disponível em: <https://bit.ly/2ATkMgy>. Acesso em: 17 ago. 2018).

[9] A título de exemplo: **(a)** DALMAZO, Luiza. O novo boom de startups. **Revista Exame**, São Paulo, ed. 977, ano 44, n. 18, p. 162-169, 2010. **(b)** AGOSTINI, Renata. Nova York, uma rival para o Vale do Silício. **Revista Exame.** 23 mar. 2011. Disponível em: <https://abr.ai/2Kh6NkP>. Acesso em: 18 jun. 2018; **(c)** AGUILHAR, Ligia. São Paulo é a 13ª melhor cidade do mundo para startups. Época Negócios. 21 nov. 2012. Disponível em: <https://glo.bo/2Mh8nUm>. Acesso em 18 jun. 2018; **(d)** LAM, Camila. Investidor-anjo quer startup de TI e app, diz pesquisa. **Revista Exame**. 3 jul. 2013. Disponível em: <https://

movimentando grandes quantias[10] e colaborando para a economia do país.

Entretanto, é importante ressaltar que os empreendedores e investidores brasileiros, em sua maioria, ainda estão aprendendo a lidar com essa forma de investimento e as suas particularidades em relação aos empreendimentos tradicionais e às *startups* americanas (que são o maior espelho das *startups* nacionais).

De igual maneira, as questões jurídicas que envolvem *startups* apenas recentemente começaram a ser mais discutidas. Nos últimos anos, felizmente tem sido mais comum encontrar artigos e trabalhos que versem sobre o tema, porém em sua maioria tratando de questões específicas, sem apresentar um contexto geral.

Essa é a razão pela qual esta obra foi escrita e publicada originalmente em 2018; para abordar as principais estruturas societárias e contratuais que são mais adequadas às *startups* brasileiras.

É bem verdade que a legislação aplicável às *startups* é, em sua maioria, a mesma cabível aos outros empreendimentos. Contudo, já há também legislação dedicada às *startups* (como o Marco Legal das *Startups* e do Empreendedorismo Inovador — Lei Complementar n. 182/2021[11]) e

abr.ai/2KfmclC>. Acesso em: 18 jun. 2018; **(e)** Aguilhar, Ligia. Google cria campus para startups em São Paulo. **Revista Exame**. 22 jul. 2014. Disponível em: <https://abr.ai/2MSU2i9>. Acesso em: 18 jun. 2018; **(f)** Serrano, Filipe; Kojikovski, Gian; Kato, Rafael. Geração startup. **Revista Exame**, São Paulo, ed. 1102, ano 49, n. 22, p. 42-54, 2015; **(g)** Rocha, Daniela. Ninhos de startups. **Revista Exame**, São Paulo, ed. 1108, ano 50, n. 4, p. 32-37, 2016; **(h)** Munaro, Juliana. Startups ajudam grandes empresas a entrarem para mundo da indústria 4.0. **Pequenas Empresas & Grandes Negócios**. 31 dez. 2017. Disponível em: <https://glo.bo/2DBcXbR>. Acesso em: 18 jun. 2018; **(i)** Gomes, Thomaz. As 100 startups brasileiras para ficar de olho. **Pequenas Empresas & Grandes Negócios**. 05 abr. 2018. Disponível em: <https://glo.bo/2JntN1p>. Acesso em: 18 jun. 2018.

[10] Em 2017, apenas os investimentos realizados por fundos de *venture capital* em *startups* brasileiras atingiu oitocentos e sessenta milhões de dólares. (Conforme: Oliveira, Filipe. Investimento em startups brasileiras bate recorde em 2017. **Folha de S.Paulo**. 26 mar. 2018. Disponível em: <https://bit.ly/2E4WVXi>. Acesso em: 18 jun. 2018). E esse número cresceu muito de lá para cá, com os investimentos em *startups* no Brasil chegando a quase nove bilhões e meio de dólares em 2021 (Conforme: DISTRITO. **Report Retrospectiva 2021**. Disponível em: <https://distrito.me/dataminer/reports/>. Acesso em 27 jul. 2022).

[11] BRASIL. Lei Complementar n. 182, de 1º de junho de 2021. Institui o marco legal das startups e do empreendedorismo inovador; e altera a Lei n. 6.404, de 15 de dezembro de 1976, e a Lei Complementar n. 123, de 14 de dezembro de 2006. **Palácio do Planalto**

pontos específicos a serem explorados, em razão das características próprias das *startups*.

Para aproximar o leitor do tema principal, inicialmente será exposto um breve histórico acerca da origem e disseminação das *startups*. Na sequência, será apresentado o seu ciclo de vida jurídico e as organizações que auxiliam os empreendedores no início de suas jornadas. Serão abordadas também as espécies de investidores que têm como foco esse tipo de empreendimento. A seção será encerrada tratando do ato de desinvestimento.

Na seção seguinte, serão expostas as três estruturas societárias mais utilizadas em *startups*, quais sejam, a sociedade limitada, a sociedade anônima e a sociedade em conta de participação. Nesse ponto, serão apresentadas as principais características de cada tipo societário, as razões para a utilização de cada uma das opções e os principais riscos inerentes a cada escolha.

Posteriormente, discorrer-se-á sobre as estruturas de investimento mais relevantes, que são: (a) obtenção de participação societária; (b) mútuo conversível em participação societária; (c) debêntures conversíveis em participação societária; (d) opção de compra de participação societária; e (e) contrato de participação. Nessa seção, buscar-se-á apontar os principais pontos de atenção de cada tipo de investimento, as fases de maturação da *startup* mais propícias para a sua utilização e as razões que podem justificar cada escolha.

Em seguida, serão abordadas certas cláusulas usuais em contratos de investimento e outros instrumentos contratuais correlatos às estruturas de investimento em *startups*.

Por fim, serão explicados os pontos principais do Marco Legal das *Startups* e do Empreendedorismo Inovador.

Dessa forma, espera-se propiciar ao leitor uma obra que seja útil para a compreensão de questões específicas que permeiam as *startups* nos âmbitos dos direitos societário e contratual.

Presidência da República, Brasília, DF, 1 jun. 2021. Disponível em: <http://www.planalto.gov.br/ccivil_03/leis/lcp/Lcp182.htm>. Acesso em: 27 jul. 2022.

2. *STARTUPS*: DA CONSTITUIÇÃO AO DESINVESTIMENTO

2.1 Breve histórico

Conquanto não seja possível precisar qual foi a primeira *startup* a ser criada, aparentemente as primeiras *startups* surgiram na região posteriormente batizada de "Vale do Silício", no estado da Califórnia, EUA.[12]

Não é raro encontrar materiais nos quais sejam colocadas no rol das primeiras *startups* a International Business Machines (IBM),[13] fundada em 1919, e a Hewlett & Packard (HP),[14] criada em 1939 — embora o termo "*startup*" como referência a empreendimentos inovadores tenha sido cunhado apenas décadas depois.

Não obstante, a região do Vale do Silício começou a desenvolver mais fortemente a cultura empreendedora a partir de 1956, quando William Shockley, um dos inventores do transistor e ganhador do Prêmio Nobel por essa invenção, recrutou oito jovens e promissores engenheiros e pesquisadores para a sua recém-fundada empresa, a Shockley

[12] Conforme: Santos, Priscilla. Startup Brasil. **Revista Galileu**. Disponível em: <https://glo.bo/2K2v6XA>. Acesso em: 13 jun. 2018.

[13] Conforme: PRZEM. **What is a startup?** The historical background. Jan. 2017. Disponível em: <https://bit.ly/2IoR7Kr>. Acesso em: 13 jun. 2018.

[14] Conforme: Santos, Priscilla. Startup Brasil. **Revista Galileu**. Disponível em: <https://glo.bo/2K2v6XA>. Acesso em: 13 jun. 2018.

Semiconductor Laboratory, localizada em Mountain View, uma pequena cidade rural próxima da cidade de São Francisco.[15-16]

Embora tivesse potencial, a empresa de William Shockley não teve sucesso. Todos os oito funcionários recrutados demitiram-se em aproximadamente um ano após a criação do negócio. E, esses mesmos funcionários, com a ajuda de um investidor, fundaram, em 1957, em Palo Alto, a Fairchild Semiconductor (Fairchild S), como um negócio independente associado à empresa de eletrônicos Fairchild Camera & Instrument (FC&I).[17]

Os bons relacionamentos comerciais do investidor garantiram os primeiros clientes grandes da Fairchild S, a qual, em 1966, já ocupava a posição de segunda maior do setor de fabricação de chips de computadores.[18]

O êxito obtido pelos fundadores da Fairchild S inspirou seus funcionários a fazerem o mesmo, e pouco a pouco alguns deles foram saindo para criar seus próprios negócios, tendo inclusive o apoio dos fundadores da Fairchild S. Também em decorrência do sucesso da empresa, seu investidor original decidiu exercer o direito de compra da participação de todos os fundadores para tornar a empresa uma subsidiária integral da FC&I.[19]

Como consequência, os criadores da Fairchild S voltaram-se para novos negócios, tanto empreendendo (dois deles fundaram, anos depois, a Intel) como investindo em novas *startups*. Quatro deles, até mesmo, financiaram a criação do primeiro fundo de capital de risco da região.[20]

[15] Conforme: Cruz, Renato. Por que o Vale se chama do Silício. **O Estado de S.Paulo**. 11 set. 2011. Disponível em: <https://bit.ly/2Ip3fuV>. Acesso em: 13 jun. 2018.

[16] Conforme: Morris, Rhett; Penido, Mariana. **Como o Vale do Silício se tornou o Vale do Silício?** Três surpreendentes lições para outras cidades e regiões. Endeavor Insight. Jul. 2014, p. 4. Disponível em: <https://bit.ly/2Ip3juF>. Acesso em: 13 jun. 2018.

[17] Conforme: Morris, Rhett; Penido, Mariana. **Como o Vale do Silício se tornou o Vale do Silício?** Três surpreendentes lições para outras cidades e regiões. Endeavor Insight. Jul. 2014, p. 5-6. Disponível em: <https://bit.ly/2Ip3juF>. Acesso em: 13 jun. 2018.

[18] Conforme: Morris, Rhett; Penido, Mariana. **Como o Vale do Silício se tornou o Vale do Silício?** Três surpreendentes lições para outras cidades e regiões. Endeavor Insight. Jul. 2014, p. 6-7. Disponível em: <https://bit.ly/2Ip3juF>. Acesso em: 13 jun. 2018.

[19] Conforme: Morris, Rhett; Penido, Mariana. **Como o Vale do Silício se tornou o Vale do Silício?** Três surpreendentes lições para outras cidades e regiões. Endeavor Insight. Jul. 2014, p. 6-7. Disponível em: <https://bit.ly/2Ip3juF>. Acesso em: 13 jun. 2018.

[20] Conforme: Morris, Rhett; Penido, Mariana. **Como o Vale do Silício se tornou o Vale do Silício?** Três surpreendentes lições para outras cidades e regiões. Endeavor Insight. Jul. 2014, p. 6-7. Disponível em: <https://bit.ly/2Ip3juF>. Acesso em: 13 jun. 2018.

Os constantes investimentos e apoio oferecidos pelos oito fundadores da Fairchild S em novos negócios na região trouxeram como resultado trinta e uma *spinoffs* (novos negócios criados por antigos funcionários ou antigos sócios da Fairchild S) em apenas quatorze anos a contar da criação da empresa original, empregando aproximadamente doze mil pessoas. E mais, o estilo empreendedor dos fundadores da Fairchild S moldou um padrão que passou a ser replicado na região.[21]

O sucesso ocorrido na baía de São Francisco, onde estava localizada a Fairchild S e todas as suas *spinoffs*, inspirou o jornalista Don Hoefler a escrever uma série de reportagens, em 1971, intitulada "Vale do Silício, EUA". Essa foi a primeira vez que o termo "Vale do Silício" foi utilizado na forma impressa, tendo como objetivo fazer referência àquela região localizada em um vale agrícola ao sul de São Francisco, na qual estavam instaladas empresas que fabricavam chips a partir do silício.[22-23]

A expressão "Vale do Silício" acabou popularizando-se, assim como a região, na qual nas décadas seguintes consolidaram-se empresas como Apple,[24] Intel[25] e Hewlett & Packard,[26] atraindo ainda mais fundos de investimento, principalmente os de capital de risco, e mais empreendedores. Esses fatores, aliados ao incentivo à pesquisa por parte da Universidade de Stanford e a incentivos fiscais, tornaram o Vale do Silício o polo tecnológico mais famoso do mundo.[27]

[21] Conforme: Morris, Rhett; Penido, Mariana. **Como o Vale do Silício se tornou o Vale do Silício?** Três surpreendentes lições para outras cidades e regiões. Endeavor Insight. Jul. 2014, p. 8-10. Disponível em: <https://bit.ly/2Ip3juF>. Acesso em: 13 jun. 2018.

[22] Conforme: Morris, Rhett; Penido, Mariana. **Como o Vale do Silício se tornou o Vale do Silício?** Três surpreendentes lições para outras cidades e regiões. Endeavor Insight. Jul. 2014, p. 8-10. Disponível em: <https://bit.ly/2Ip3juF>. Acesso em: 13 jun. 2018.

[23] Conforme: Cruz, Renato. Por que o Vale se chama do Silício. **O Estado de S.Paulo**. 11 set. 2011. Disponível em: <https://bit.ly/2Ip3fuV>. Acesso em: 13 jun. 2018.

[24] Conforme: SILICON VALLEY HISTORICAL ASSOCIATION. **Apple Computer**. 2008. Disponível em: <https://bit.ly/2wd0fxM>. Acesso em: 18 ago. 2018.

[25] Conforme: SILICON VALLEY HISTORICAL ASSOCIATION. **Intel**. 2008. Disponível em: <https://bit.ly/2BuDBXs>. Acesso em: 18 ago. 2018.

[26] Conforme: SILICON VALLEY HISTORICAL ASSOCIATION. **Hewlett-Packard**. 2008. Disponível em: <https://bit.ly/2Mz9faB>. Acesso em: 18 ago. 2018.

[27] Conforme: Azevedo, Júlio Cesar da Rocha Germano de. Inovação, startups e o direito. In: Júdice, Lucas Pimenta; Nybo, Erik Fontenele (coord.). **Direito das startups**. Curitiba: Juruá, 2016, p. 14-15.

O vocábulo "*startup*", por sua vez, com o significado que interessa nesta obra, aparentemente começou a ser utilizado no início dos anos de 1970. Conforme apontado pelo Oxford English Dictionary, foi encontrada publicação no New York Times de abril de 1970 já fazendo referência ao termo.[28]

Embora as *startups* já tivessem surgido há algumas décadas, sua popularização aumentou significativamente nos anos de 1990, com o acesso à *internet* e a consequente criação das primeiras *startups* "ponto-com" (*startups* baseadas na *internet*).[29]

O rápido sucesso alcançado por *startups* como Mosaic (que depois tornou-se o Netscape), Yahoo! e Amazon, em um momento em que os EUA passavam por uma recessão econômica, aqueceu o mercado financeiro americano e levou ao surgimento de inúmeras "ponto-com".[30]

Muitas das "ponto-com" fundadas naquele momento acabaram não sobrevivendo à "bolha da *internet*" (uma "bolha especulativa" que ocorreu no final dos anos de 1990 e início dos anos 2000, quando muitas *startups* "ponto-com" foram supervalorizadas, gerando como resultado um colapso do mercado), mas exemplos de *startups* bem-sucedidas fundadas nessa fase e hoje consolidadas no mercado são a já mencionada Amazon e o eBay.[31]

Mesmo com as consequências severas advindas da "bolha da *internet*", não é possível negar o papel fundamental que a rede mundial de com-

[28] "startup, *n.* [...] Compounds [...] C2. *spec.* (orig. *U.S.*) Designating a business or enterprise that is in the process of starting up, or that has just been established. Used esp. with reference to companies operating in a high-technology sector, typically aiming for rapid growth in a previously unexplored market and using funds obtained (often from a venture capitalist or similar source) in anticipation of a generous return on investment. 1970 *N.Y. Times* 26 Apr. IX. 15/4 (*advt.*) If you know what start-up companies are all about and understand the long-term financial rewards, then [etc.]." (STARTUP. In: **Oxford English Dictionary**. 3.ed. Oxford University Press, 2016. Disponível em: <http://www.oed.com.proxy.library.nyu.edu/view/Entry/189205?isAdvanced=true&result=1&rskey=Hhckfz&&print>. Acesso em: 19 jun. 2018).

[29] Conforme: STARTUP. **Investopedia**. Disponível em: <https://bit.ly/2ur9AEN>. Acesso em: 13 jun. 2018.

[30] Conforme: Azevedo, Júlio Cesar da Rocha Germano de. Inovação, startups e o direito. In: Júdice, Lucas Pimenta; Nybo, Erik Fontenele (coord.). **Direito das startups**. Curitiba: Juruá, 2016, p. 15.

[31] Conforme: STARTUP. **Investopedia**. Disponível em: <https://bit.ly/2ur9AEN>. Acesso em: 13 jun. 2018.

putadores teve (e continua tendo) no sucesso de diversas *startups* e na popularização desse tipo de empreendimento, não apenas nos EUA como no mundo todo (Israel e Inglaterra — mais especificamente Londres —, por exemplo, também são reconhecidos como polos de *startups*).[32]

Startups bem-sucedidas como Google, Facebook e tantas outras influenciaram e continuam a influenciar o crescimento da cultura empreendedora ao redor do planeta, inclusive no Brasil. Como consequência, há neste país um ecossistema empreendedor que vem sendo desenvolvido de forma acelerada nos últimos anos, com o aumento dos investimentos (nacionais e estrangeiros),[33] o apoio de grandes empresas[34] e o surgimento de cada vez mais organizações de auxílio,[35] além da existência de diversos núcleos de empreendedores, o que estimula e possibilita a criação de novas *startups*.

Esse cenário propiciou a criação de *startups* brasileiras de sucesso. As primeiras a realmente se destacar foram os três primeiros "unicórnios" do país (*startups* avaliadas em valor igual ou superior a um bilhão de dólares), que são a 99 (plataforma de intermediação para serviço de transporte), o PagSeguro (plataforma de pagamentos *online*) e a Nubank (plataforma de serviços financeiros).[36-37-38]

[32] Conforme: Azevedo, Júlio Cesar da Rocha Germano de. Inovação, startups e o direito. In: Júdice, Lucas Pimenta; Nybo, Erik Fontenele (coord.). **Direito das startups**. Curitiba: Juruá, 2016, p. 17.

[33] Conforme: ABVCAP — ASSOCIAÇÃO BRASILEIRA DE PRIVATE EQUITY & VENTURE CAPITAL; KPMG. **Consolidação de Dados da Indústria de Private Equity e Venture Capital no Brasil:** 2011 a 2017. 2018, p. 5 e 10. Disponível em: <https://bit.ly/2nMNUww>. Acesso em: 18 ago. 2018.

[34] Conforme: Benevides, Bruno. Na busca por inovação, empresas criam programas para acolher startups. **Folha de S.Paulo**. 10 abr. 2017. Disponível em: <https://bit.ly/2Ml4Kgb>. Acesso em: 16 jun. 2018.

[35] Conforme: Abreu, Paulo R. M.; Campos, Newton M. **O panorama das aceleradoras de startups no Brasil** (FGV EAESP Centro de Estudos em Private Equity). CreateSpace Independent Publishing Plataform. Jul. 2016, p. 25. Disponível em: <https://bit.ly/2MziqYU>. Acesso em: 18 ago. 2018.

[36] Conforme: Manzoni Jr., Ralphe. Aplicativo 99 torna-se, oficialmente, primeiro unicórnio brasileiro. **Istoé Dinheiro**. 02 jan. 2018. Disponível em: <https://bit.ly/2EPQRXY>. Acesso em: 07 ago. 2018.

[37] Conforme: Fonseca, Mariana. Por que o Brasil vive uma avalanche de unicórnios. **Revista Exame**. 21 mar. 2018. Disponível em: <https://abr.ai/2H5jZY7>. Acesso em: 07 ago. 2018.

[38] Conforme: Riga, Matheus. Além do US$ 1 bi: o que as startups unicórnios brasileiras têm em comum. **Estadão PME**. 13 mar. 2018. Disponível em: <https://bit.ly/2OQLt8A>. Acesso em: 07 ago. 2018.

De lá para cá, muitas outras *startups* brasileiras atingiram o título de "unicórnio", como iFood (plataforma de encomenda e entrega de alimentos), Gympass (*marketplace* que oferece passes para uso de academias), Loggi (plataforma de serviços de *delivery* sob demanda), Quinto Andar (plataforma de corretagem para aluguel de imóveis), Ebanx (*fintech* que oferece soluções de processamento de pagamentos transfronteiriços), Wildlife (desenvolvedora de jogos para dispositivos móveis), Loft (plataforma de compra e revenda de imóveis residenciais), VTEX (fornecimento de *software as a service* para *e-commerce*), Creditas (*fintech* de crédito), MadeiraMadeira (loja e *marketplace* de venda de produtos para casa), Hotmart (*marketplace* de cursos *online*), Mercado Bitcoin (corretora de intermediação de compra e venda de criptoativos), C6 Bank (banco digital), entre outras.[39-40]

2.2 O ciclo de vida jurídico das *startups*

As *startups* são fundadas com o objetivo de alcançar um rápido crescimento para, em poucos anos, atingir atratividade suficiente para serem vendidas por valores múltiplas vezes superiores ao investimento realizado.

Desta forma, são negócios criados para ter um ciclo de vida curto enquanto *startup*, sendo que, após esse período e em caso de sucesso, atingirão o patamar de empresas consolidadas, deixando de ser consideradas "*startups*".

A criação de uma *startup* passa inicialmente pelo campo da ideia e, geralmente, demanda um certo período até que o empreendedor decida que a sua criação está madura para sair do papel e merecer uma dedicação (de tempo e financeira) maior.

Mesmo quando o empreendedor começa a dedicar-se mais ativamente à materialização da sua *startup*, não é incomum que ele prefira esperar mais um pouco até constituir legalmente o seu negócio. Essa espera muitas vezes é para reduzir custos, outras por equivocadamente o empreendedor não investir tempo em analisar algo tão fundamental

[39] Conforme: DISTRITO. **Corrida dos Unicórnios 2021**. Disponível em: <https://distrito.me/dataminer/reports/>. Acesso em 27 jul. 2022).

[40] Conforme: DISTRITO. **Corrida dos Unicórnios 2022**. Disponível em: <https://distrito.me/dataminer/reports/>. Acesso em 27 jul. 2022).

para lhe trazer segurança jurídica, e em alguns casos por não ter definido ainda qual a estrutura mais adequada.

Independentemente de ocorrer de início ou mais adiante, fato é que em algum momento o empreendedor precisará formalizar a sua *startup*, tanto para lhe garantir segurança jurídica como para possibilitar o recebimento de um investimento (as estruturas societárias mais adequadas para essa formalização estão dispostas na seção 3 desta obra). É então que tem início formalmente o ciclo de vida jurídico da *startup* (embora anteriormente possa restar caracterizada a existência de uma sociedade em comum, a qual será abordada de maneira breve no decorrer deste livro).

Quando da constituição da sociedade, é possível que o empreendedor já tenha algum sócio-investidor, como um amigo, familiar ou conhecido que ajudou a capitalizar a *startup* nesse momento inicial (chamados popularmente de FFF — *family, friends and fools*), ou até mesmo um investidor-anjo.

Caso o empreendedor não possua recursos financeiros próprios para sustentar integralmente o período em que a *startup* ainda não terá retornos financeiros, e não tenha recebido um investimento inicial, ele invariavelmente precisará buscar uma forma de capitalizar seu negócio.

Essa capitalização pode ser obtida em instituições financeiras ou por meio de investidores.

É comum também que, em uma fase mais inicial, as *startups* recorram a incubadoras ou aceleradoras, como será tratado na subseção 2.3, para buscarem auxílios de diversas formas (infraestrutura, espaço físico, mentoria, *networking* e até mesmo financeiro) — esses auxílios não raramente são prestados inclusive antes de a *startup* estar juridicamente constituída.

Conforme será abordado na subseção 2.4, em cada fase da *startup* há uma espécie de investidor mais propensa a aportar recursos. Da fase de menor maturação do negócio para a fase de maior consolidação, essas espécies são: investidor-anjo, *crowdfunding* de investimento, fundo de *seed capital*, fundo de *venture capital*, *corporate venture capital* e fundo de *private equity*. E, mais recentemente, surgiram as empresas especializadas em *venture debt*, que oferecem empréstimos voltados especificamente para *startups*.

Os investimentos recebidos (é muito comum que uma *startup* precise de várias rodadas de investimentos até que esteja consolidada no mercado) precisam, então, ser formalizados por uma das diversas formas possíveis (as quais são analisadas na seção 4 deste livro), quais sejam: obtenção de participação societária, mútuo conversível em participação societária, debêntures conversíveis em participação societária, opção de compra de participação societária e contrato de participação.

Caso a *startup* obtenha sucesso, será então o momento de o empreendedor e os investidores prepararem-se para saírem da sociedade, ou para reduzirem as suas participações societárias, podendo assim obter o lucro almejado. Este movimento poderá ocorrer tanto por meio da venda direta da participação societária para terceiros como por meio da abertura do capital da sociedade para negociação em bolsa e consequente alienação do todo ou de uma parcela de suas ações no mercado de valores mobiliários.

Desta forma, encerra-se o ciclo de vida jurídico das *startups*, o qual pode ser sintetizado graficamente da seguinte maneira:

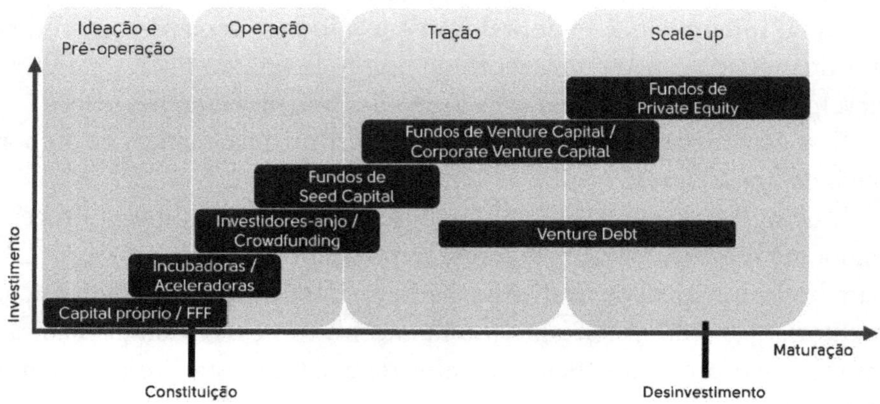

Fonte: Gráfico elaborado pelo próprio autor para inclusão nesta obra.

2.3 Organizações de auxílio aos empreendedores

Existem dois principais tipos de organizações que visam dar auxílio às *startups* que estão em fase inicial (recém-constituídas ou mesmo em fase de pré-constituição). São elas, as incubadoras e as aceleradoras.

Os empreendedores buscam nessas organizações, por exemplo, espaço físico para alocar as suas *startups*, acesso à melhor infraestrutura, mentoria para o desenvolvimento de seus negócios, facilidade de *networking* e, até mesmo, suporte financeiro.

Embora ambas sejam organizações de auxílio às *startups*, elas possuem características distintas, que serão brevemente abordadas a seguir.

2.3.1 *Incubadoras*

As incubadoras geralmente são custeadas com dinheiro público ou por instituições de pesquisa e ensino e são sem fins lucrativos. Elas costumam auxiliar as *startups* em um momento mais inicial, por vezes até de pré-constituição, com infraestrutura e espaço físico, porém sem oferecer investimento em dinheiro.[41]

Esse auxílio, quando não é gratuito, requer o pagamento de taxas por parte do empreendedor, mas sem que este precise ceder à incubadora qualquer participação societária ou direito sobre a *startup*. O apoio das incubadoras geralmente é por um período de um a três anos.[42]

2.3.2 *Aceleradoras*

As aceleradoras, por sua vez, costumam ser entidades privadas com fins lucrativos e que investem em *startups* com o objetivo final de obter retorno financeiro com a alienação da participação societária cedida pelos empreendedores como contrapartida pelos benefícios oferecidos.[43]

Válido mencionar, essa participação no quadro societário da *startup* geralmente é concedida às aceleradoras via contrato de mútuo conversível em participação societária,[44] o qual será abordado na subseção 4.2.

[41] Conforme: Matos, Felipe. Incubadora ou aceleradora? Saiba quais são as principais diferenças entre as duas e qual é mais adequada para a sua empresa. **Pequenas Empresas & Grandes Negócios**. 03 jun. 2013, passim. Disponível em: <https://glo.bo/2K5zrJM>. Acesso em: 27 nov. 2016.

[42] Conforme: Matos, Felipe. Incubadora ou aceleradora? Saiba quais são as principais diferenças entre as duas e qual é mais adequada para a sua empresa. **Pequenas Empresas & Grandes Negócios**. 03 jun. 2013, passim. Disponível em: <https://glo.bo/2K5zrJM>. Acesso em: 27 nov. 2016.

[43] Conforme: Matos, Felipe. Incubadora ou aceleradora? Saiba quais são as principais diferenças entre as duas e qual é mais adequada para a sua empresa. **Pequenas Empresas & Grandes Negócios**. 03 jun. 2013, passim. Disponível em: <https://glo.bo/2K5zrJM>. Acesso em: 27 nov. 2016.

[44] Conforme: ABRAII — ASSOCIAÇÃO BRASILEIRA DE EMPRESAS ACELERADORAS DE INOVAÇÃO E INVESTIMENTO; STARTUP BRASIL. **Programa de aceleração de empresas.** Disponível em: <https://bit.ly/2KeOy2D>. Acesso em: 16 jun. 2018.

Em geral, as *startups* que são selecionadas para participar de programas de aceleração, embora encontrem-se em fase inicial, já estão constituídas e em um momento um pouco mais avançado do que as que são incubadas.

O auxílio prestado por aceleradoras envolve espaço físico, mentoria com profissionais gabaritados, *networking* e suporte na gestão do negócio, além de aporte financeiro (que, geralmente, varia entre quarenta mil e duzentos mil reais). As aceleradoras costumam auxiliar as *startups* por um período de quatro a seis meses.[45]

2.4 Espécies de investidores

Para o desenvolvimento de uma *startup* é imprescindível que haja investimento financeiro. Esse investimento pode ser interno ou externo. Geralmente o que ocorre é uma combinação das duas formas.

Investimento interno é aquele realizado com os próprios recursos da *startup*. Tendo em vista que durante um período considerável é esperado que a *startup* não tenha retorno financeiro, na prática a realização do investimento interno acaba sendo possível apenas quando o fundador da *startup* possui recursos próprios para aportar em seu empreendimento.

É muito raro, porém, que o empreendedor possua recursos suficientes para suportar todo o período em que a *startup* ainda não será autossustentável, inclusive porque esse tipo de empreendimento depende de investimentos recorrentes e por um período considerável para ser possível o crescimento rápido necessário. Além disso, mesmo que tenha capital suficiente, geralmente o empreendedor não quer arriscar o seu patrimônio sozinho, preferindo diluir o risco com investidores.

Desta forma, é extremamente importante para o sucesso da *startup* que o empreendedor consiga angariar investimentos externos — os quais, como é possível depreender pelo próprio termo, são aqueles realizados por pessoas (físicas ou jurídicas) que não os fundadores da *startup*.

[45] Conforme: MATOS, Felipe. Incubadora ou aceleradora? Saiba quais são as principais diferenças entre as duas e qual é mais adequada para a sua empresa. **Pequenas Empresas & Grandes Negócios**. 03 jun. 2013, passim. Disponível em: <https://glo.bo/2K5zrJM>. Acesso em: 27 nov. 2016.

Embora um meio de obter recursos externos seja com empréstimos bancários, essa alternativa muitas vezes é evitada por negócios incipientes. As alegações costumam ser de que a burocracia envolvida é muito grande, de que são exigidas garantias que eles muitas vezes não têm como oferecer e de que as taxas de juros aplicadas são desencorajadoras.[46-47] Por essa razão, é importante analisar as outras opções.

Em uma fase mais embrionária, é comum que os aportes sejam realizados por familiares e amigos dos empreendedores, que acreditam no potencial do negócio e buscam ajudar os fundadores muito em razão da relação pessoal que possuem, sem exigir grandes explicações ou formalidades.

Esse tipo de auxílio, porém, não costuma ser suficiente para sustentar as *startups* por grandes períodos, razão pela qual os fundadores precisam buscar outras formas de reduzir seus custos e angariar recursos.

Duas dessas formas já foram abordadas na subseção 2.3, que são as incubadoras e as aceleradoras. As outras formas mais comuns são por meio de investimentos realizados por investidores-anjo, *crowdfunding* de investimento, fundos de investimento, *corporate venture capital* e *venture debt*, embora também seja possível que as *startups* consigam aportes

[46] Conforme: ALBUQUERQUE, Flavia. Pesquisa: 84% das micro e pequenas empresas não querem empréstimos. **Agência Brasil**. 22 jun. 2017, passim. Disponível em: <https://bit.ly/2ty8R03>. Acesso em: 19 ago. 2018.

[47] No site do Banco Central do Brasil é possível verificar as taxas de juros aplicadas pelas instituições bancárias para pessoas jurídicas. A média, no período de 30 de julho de 2018 a 03 de agosto de 2018, era de 36,49% ao ano e 17,14% ao ano, respectivamente, no pré-fixado e no pós-fixado, para capital de giro com prazo até 365 dias, e de 23,09% ao ano e 15,53% ao ano, respectivamente, no pré-fixado e no pós-fixado, para capital de giro com prazo superior a 365 dias (Conforme, respectivamente: (a) BANCO CENTRAL DO BRASIL. **Pessoa Jurídica — Capital de Giro com Prazo Até 365 Dias** (Tipo de Encargo: Pré-fixado). Ago. 2018. Disponível em: <https://bit.ly/2PmMQMh>. Acesso em: 19 ago. 2018; (b) BANCO CENTRAL DO BRASIL. **Pessoa Jurídica — Capital de Giro com Prazo Até 365 Dias** (Tipo de Encargo: Pós-fixado referenciado em juros flutuantes). Ago. 2018. Disponível em: <https://bit.ly/2L7LPVk>. Acesso em: 19 ago. 2018; (c) BANCO CENTRAL DO BRASIL. **Pessoa Jurídica — Capital de Giro com Prazo Superior a 365 Dias** (Tipo de Encargo: Pré-fixado). Ago. 2018. Disponível em: <https://bit.ly/2PkizOh>. Acesso em: 19 ago. 2018; (d) BANCO CENTRAL DO BRASIL. **Pessoa Jurídica — Capital de Giro com Prazo Superior a 365 Dias** (Tipo de Encargo: Pós-fixado referenciado em juros flutuantes). Ago. 2018. Disponível em: <https://bit.ly/2MADkXC>. Acesso em: 19 ago. 2018).

advindos diretamente de pessoas físicas que não sejam investidores-anjo e de pessoas jurídicas.

Tendo em vista que os investimentos por investidor-anjo, fundos de investimento, *corporate venture capital*, *crowdfunding* de investimento e *venture debt* são mais habituais do que aqueles realizados diretamente por outras pessoas físicas ou jurídicas, além do fato de que esses últimos são investimentos puros e simples, sem grandes particularidades a serem apontadas, na sequência serão abordadas exclusivamente as formas de investimentos mencionadas no início deste parágrafo.

Vale ressaltar que, embora a abertura de capital seja utilizada como uma forma de levantar recursos, essa não será abordada nesta subseção 2.4, mas sim na 2.5, visto que, quando a *startup* está madura o suficiente para ter suas ações negociadas em bolsa, via de regra, ela já não é mais considerada uma *startup*, mas sim uma empresa madura e consolidada em mercado. Por essa razão, optou-se por tratar da abertura de capital no momento em que será tratado do desinvestimento.

2.4.1 *Investidor-anjo*

Investidores-anjo são pessoas que, ativa e recorrentemente, buscam *startups* para investir. Estes, além de auxiliar *startups* financeiramente, com recursos próprios, oferecem também suas experiências empresariais e suas redes de relacionamentos aos empreendedores para ajudá-los a alavancar o negócio, os apoiando e auxiliando em decisões estratégicas, porém sem envolvimento direto na gestão. Diferenciam-se, assim, conceitualmente, dos investidores tradicionais, os quais limitam-se a aportar recursos.[48]

Desta forma, evidencia-se desde logo a grande importância do investidor-anjo para o crescimento da *startup*, visto que aporta no negócio muito mais do que o montante em dinheiro. Todo o auxílio que o investidor-anjo oferece com suas experiências anteriores e os contatos apresentados, além de atrelar o seu nome à *startup*, são de grande valia para que o empreendedor tenha acesso a mais oportunidades, tendendo a trazer enorme benefício à *startup*.

[48] Conforme: Spina, Cassio A. **Investidor-anjo**: guia prático para empreendedores e investidores. São Paulo: nVersos, 2012, p. 19-20.

Além do conceito doutrinário disposto acima, desde outubro de 2016 o investidor-anjo passou a ter também uma definição legal, com a publicação da Lei Complementar n. 155, que trouxe alterações à Lei Complementar n. 123. Esta definiu o investidor-anjo como a pessoa física, pessoa jurídica ou fundo de investimento que realiza aporte de capital em sociedades enquadradas como microempresa ou empresa de pequeno porte com as finalidades de fomento à inovação e investimentos produtivos.[49]

Ademais, referida lei previu que as pessoas enquadradas no conceito legal de investidor-anjo podem investir em *startups* utilizando-se do contrato de participação previsto no §1º do artigo 61-A de referida Lei Complementar 155 (o qual será abordado na seção 4.5 desta obra), trazendo assim mais uma estrutura de investimento para o setor.

E, mais recentemente, a Lei Complementar n. 182 (Marco Legal das *Startups* e do Empreendedorismo Inovador) trouxe em seu artigo 2º, inciso I, uma outra definição para investidor-anjo: "investidor que não é considerado sócio nem tem qualquer direito a gerência ou a voto na administração da empresa, não responde por qualquer obrigação da empresa e é remunerado por seus aportes"[50]. Particularmente, entendemos

[49] "Art. 61-A. Para incentivar as atividades de inovação e os investimentos produtivos, a sociedade enquadrada como microempresa ou empresa de pequeno porte, nos termos desta Lei Complementar, poderá admitir o aporte de capital, que não integrará o capital social da empresa. § 1º As finalidades de fomento a inovação e investimentos produtivos deverão constar do contrato de participação, com vigência não superior a sete anos. § 2º O aporte de capital poderá ser realizado por pessoa física, por pessoa jurídica ou por fundos de investimento, conforme regulamento da Comissão de Valores Mobiliários, que serão denominados investidores-anjo. [...]" (BRASIL. Lei Complementar n. 123, de 14 de dezembro de 2006. Institui o Estatuto Nacional da Microempresa e da Empresa de Pequeno Porte; altera dispositivos das Leis no 8.212 e 8.213, ambas de 24 de julho de 1991, da Consolidação das Leis do Trabalho — CLT, aprovada pelo Decreto-Lei no 5.452, de 1o de maio de 1943, da Lei no 10.189, de 14 de fevereiro de 2001, da Lei Complementar no 63, de 11 de janeiro de 1990; e revoga as Leis no 9.317, de 5 de dezembro de 1996, e 9.841, de 5 de outubro de 1999. **Palácio do Planalto Presidência da República**, Brasília, DF, 14 dez. 2006. Disponível em: <http://www.planalto.gov.br/ccivil_03/Leis/lcp/lcp123.htm>.. Acesso em: 27 jul. 2022)

[50] BRASIL. Lei Complementar n. 182, de 1º de junho de 2021. Institui o marco legal das startups e do empreendedorismo inovador; e altera a Lei n. 6.404, de 15 de dezembro de 1976, e a Lei Complementar n. 123, de 14 de dezembro de 2006. **Palácio do Planalto Presidência da República**, Brasília, DF, 1 jun. 2021. Disponível em: <http://www.planalto.gov.br/ccivil_03/leis/lcp/Lcp182.htm>. Acesso em: 27 jul. 2022.

que essa definição é bastante ampla e tem a intenção somente de delimitar direitos e obrigações do investidor-anjo, porém sem diferenciá-lo do investidor comum.

Em relação ao perfil do investidor-anjo, Cassio A. Spina esclarece:

> Assim, o investidor-anjo tem como perfil padrão ser um empresário ou executivo de carreira já consolidada, tendo acumulado recursos financeiros suficientes que permitam efetivar investimentos de risco mais elevado e de baixa liquidez e com alguma disponibilidade de tempo para se dedicar a apoiar o empreendedor em seu negócio nascente.[51]

E o mesmo autor afirma que os investimentos financeiros realizados por investidores-anjo geralmente variam de cinquenta mil reais a um milhão de reais, sendo mais comum estarem entre duzentos e cinquenta mil reais e quinhentos mil reais, explicando que os valores mais expressivos costumam ser decorrentes de investimentos realizados por um grupo de investidores-anjo, e não por um investidor individual.[52] É válido mencionar que, atualmente, em aportes feitos por grupos de investidores-anjo, os valores podem chegar a até dois milhões de reais.

Como contrapartida ao investimento realizado, o investidor-anjo recebe uma participação societária na *startup*, ou o direito a uma participação. O acordo realizado entre investidor e fundador pode ser formalizado por qualquer uma das formas de investimento apontadas na seção 4, a depender da preferência das partes envolvidas.

2.4.2 *Fundos de investimento*

Os fundos de investimento que têm por objetivo investir em *startups* são regulados pela Instrução CVM n. 578, de 30 de agosto de 2016 (ICVM 578),[53] e são estruturados na forma de fundos de investimento em participações (FIP).

[51] Spina, Cassio A. **Investidor-anjo**: guia prático para empreendedores e investidores. São Paulo: nVersos, 2012, p. 27.

[52] Conforme: Spina, Cassio A. **Investidor-anjo**: guia prático para empreendedores e investidores. São Paulo: nVersos, 2012, p. 28.

[53] COMISSÃO DE VALORES MOBILIÁRIOS (CVM). Instrução CVM n. 578, de 30 de agosto de 2016. Dispõe sobre a constituição, o funcionamento e a administração dos Fundos de Investimento em Participações. **Presidência da Comissão de Valores Mobiliários**

O mercado costuma subdividi-los em fundos de *seed capital*, fundos de *venture capital* e fundos de *private equity*,[54] conforme o enfoque do investimento, embora valha a ressalva de que na ICVM 578 foi instituída uma classificação diferente.

Para o mercado, os fundos de *seed capital*, ou fundos de capital semente, são fundos de investimento "que utilizam recursos de terceiros, normalmente obtidos junto a órgãos e a agências governamentais que tenham interesse em incentivar o desenvolvimento de negócios no país, tais como o BNDES, Finep, SEBRAE etc.",[55] para investir em *startups*. Os aportes realizados por esses fundos ocorrem, assim como no caso do investimento-anjo, em uma fase mais inicial da *startup*. Porém, geralmente os fundos de *seed capital* exigem, ao menos, que a *startup* já esteja juridicamente constituída (em alguns casos, até que ela já possua faturamento).[56]

Os fundos de *venture capital*, ou fundos de capital de risco, por sua vez, são entendidos como aqueles que direcionam seus investimentos para *startups* que, embora ainda estejam em um estágio relativamente inicial, já estão atuando no mercado, gerando receita e em busca de financiamentos para acelerar o seu crescimento.[57]

Por fim, os fundos de *private equity* são aqueles que direcionam seus recursos para *startups* em fase de maturação mais adiantada, as quais estão buscando aportes para expandirem e consolidarem-se no mercado. Eles são, via de regra, o último tipo de investidor a aportar recursos na *startup* antes de ela atingir um patamar e estabilidade suficientes para que passe a ser reconhecida pelo mercado não mais como uma *startup*, mas como uma empresa consolidada.

— **CVM**, Rio de Janeiro, RJ, 30 ago. 2016. Disponível em: <http://www.cvm.gov.br/export/sites/cvm/legislacao/instrucoes/anexos/500/inst578consolid.pdf>. Acesso em: 18 jun. 2018.

[54] Conforme: ABVCAP — ASSOCIAÇÃO BRASILEIRA DE PRIVATE EQUITY & VENTURE CAPITAL. **Apresentação institucional**. Mai. 2014, slide 32. Disponível em: <https://bit.ly/2L87IUb>. Acesso em: 19 ago. 2018.

[55] SPINA, Cassio A. **Investidor-anjo**: guia prático para empreendedores e investidores. São Paulo: nVersos, 2012, p. 40.

[56] Conforme: SPINA, Cassio A. **Investidor-anjo**: guia prático para empreendedores e investidores. São Paulo: nVersos, 2012, p. 40.

[57] Conforme: SPINA, Cassio A. **Investidor-anjo**: guia prático para empreendedores e investidores. São Paulo: nVersos, 2012, p. 41-42.

Inclusive, observa-se que em alguns casos os aportes realizados por fundos de *private equity* têm como objetivo preparar as *startups* para, em momento seguinte, realizar a abertura do seu capital (os fundos de *private equity* também investem em companhias de capital aberto, mas nesse caso não se trata de investimento em *startup*, visto que há o entendimento de que a companhia, ao abrir capital, já está consolidada no mercado e não mais caracteriza-se como uma *startup*).

A importância dessa distinção realizada pelo mercado é deixar claro as diferenças de objetivos de investimento de cada fundo.

Vale ressaltar que os investimentos realizados tendem a ser maiores quanto mais avançada for a fase de maturação das *startups*. Desta forma, os valores aportados pelos fundos de *seed capital* costumam variar entre dois e cinco milhões de reais; aqueles investidos pelos fundos de *venture capital* geralmente estão entre cinco e trinta milhões reais; e os valores disponibilizados por fundos de *private equity* costumam superar os trinta milhões de reais.[58]

Embora essa espécie de investimento muitas vezes não agregue às *startups* os mesmos benefícios não financeiros que o investidor-anjo é capaz, além de implicar em uma burocracia maior tanto no momento da realização do investimento quanto nas fases de acompanhamento posteriores, e de uma ingerência nas *startups* por parte dos fundos (por exemplo, participando do conselho administrativo, indicando administradores, participando de decisões estratégicas etc.), ela traz a vantagem de envolver aportes maiores do que os advindos de investidores-anjo.[59]

A propósito, não é incomum que os fundos de investimento, principalmente os de *seed capital*, tenham interesse em aportar recursos em *startups* que já receberam investimento de investidor-anjo. Eles, inclusive, costumam avaliar o envolvimento do investidor-anjo de maneira

[58] Conforme: ABVCAP — ASSOCIAÇÃO BRASILEIRA DE PRIVATE EQUITY & VENTURE CAPITAL. **Apresentação institucional**. Mai. 2014, slide 32. Disponível em: <https://bit.ly/2L87IUb>. Acesso em: 19 ago. 2018.

[59] Conforme: Spina, Cassio A. **Investidor-anjo**: guia prático para empreendedores e investidores. São Paulo: nVersos, 2012, p. 40-41.

positiva, por entenderem que a presença deste aumenta as chances de sucesso do negócio.[60-61]

Por sua vez, a classificação realizada pela ICVM 578[62] acaba por englobar os três tipos de fundos acima mencionados nas classificações de FIP de capital semente ou FIP de empresas emergentes, distinguindo-os de acordo com a receita bruta anual das sociedades investidas e de seus controladores, bem como consoante o total dos ativos dos controladores.

No primeiro deles (FIP — Capital Semente), as sociedades investidas devem ter receita bruta anual não superior a dezesseis milhões de reais e não podem ser controladas por sociedade ou grupo de sociedades com ativo total superior a oitenta milhões de reais ou receita bruta anual superior a cem milhões de reais.[63]

[60] Conforme: Spina, Cassio A. **Investidor-anjo**: guia prático para empreendedores e investidores. São Paulo: nVersos, 2012, p. 41.

[61] Conforme: AGÊNCIA BRASILEIRA DE DESENVOLVIMENTO INDUSTRIAL. **A Indústria de Private Equity e Venture Capital** — 2º Censo Brasileiro. Brasília: Agência Brasileira de Desenvolvimento Industrial, mar. 2011, p. 157-158. Disponível em: <https://bit.ly/2wfRjIa>. Acesso em: 21 ago. 2018.

[62] "Art. 14. Os FIP devem ser classificados nas seguintes categorias quanto à composição de suas carteiras: I — Capital Semente; II — Empresas Emergentes; III — Infraestrutura (FIP-IE); IV — Produção Econômica Intensiva em Pesquisa, Desenvolvimento e Inovação (FIP-PD&I); e V — Multiestratégia. [...]" (COMISSÃO DE VALORES MOBILIÁRIOS (CVM). Instrução CVM n. 578, de 30 de agosto de 2016. Dispõe sobre a constituição, o funcionamento e a administração dos Fundos de Investimento em Participações. **Presidência da Comissão de Valores Mobiliários — CVM**, Rio de Janeiro, RJ, 30 ago. 2016. Disponível em: <http://www.cvm.gov.br/export/sites/cvm/legislacao/instrucoes/anexos/500/inst578consolid.pdf>. Acesso em: 18 jun. 2018).

[63] "Art. 15. As companhias ou sociedades limitadas investidas pelo FIP — Capital Semente: I — devem ter receita bruta anual de até R$ 16.000.000,00 (dezesseis milhões de reais) apurada no exercício social encerrado em ano anterior ao primeiro aporte do fundo, sem que tenha apresentado receita superior a esse limite nos últimos 3 (três) exercícios sociais; [...] § 3º As companhias ou sociedades limitadas referidas no caput não podem ser controladas, direta ou indiretamente, por sociedade ou grupo de sociedades, de fato ou de direito, que apresente ativo total superior a R$ 80.000.000,00 (oitenta milhões de reais) ou receita bruta anual superior a R$ 100.000.000,00 (cem milhões de reais) no encerramento do exercício social imediatamente anterior ao primeiro aporte do FIP. [...]" (COMISSÃO DE VALORES MOBILIÁRIOS (CVM). Instrução CVM n. 578, de 30 de agosto de 2016. Dispõe sobre a constituição, o funcionamento e a administração dos Fundos de Investimento em Participações. **Presidência da Comissão de Valores Mobiliários — CVM**, Rio de Janeiro, RJ, 30 ago. 2016. Disponível em: <http://www.cvm.gov.br/export/sites/cvm/legislacao/instrucoes/anexos/500/inst578consolid.pdf>. Acesso em: 18 jun. 2018).

Já nos FIP — Empresas Emergentes a receita bruta anual das sociedades alvo do investimento não podem ultrapassar trezentos milhões de reais e estas não podem ser controladas por sociedade ou grupo de sociedades cujo total de ativos seja superior a duzentos e quarenta milhões de reais ou a receita bruta anual supere trezentos milhões de reais.[64]

2.4.2.1 *Corporate venture capital*

O *corporate venture capital* (CVC) nada mais é do que o investimento em *venture capital* realizado por veículos criados por empresas tradicionais que desejam adentrar neste mercado.

Esse item está sendo tratado como subitem dos fundos de investimentos porque, na maioria das vezes, a estrutura utilizada para formalizar o CVC é a de um fundo de investimento em participação (FIP). Porém, vale mencionar que, em alguns casos, ao invés de FIPs são utilizadas *holdings*, estruturadas na forma de sociedades empresárias para esse fim específico.

Por meio do CVC, são adquiridas participações em *startups* com objetivos sobretudo estratégicos, como, por exemplo, testar novos produtos, serviços ou tecnologias fora do ambiente da empresa investidora, expandir mercados, entre outros.

Embora as empresas também almejem retorno financeiro com o CVC, a finalidade principal está relacionada à busca por inovação, vantagens competitivas e sobrevivência.

[64] "Art. 16. As companhias investidas pelo FIP — Empresas Emergentes: I — devem ter receita bruta anual de até R$ 300.000.000,00 (trezentos milhões de reais) apurada no exercício social encerrado em ano anterior ao primeiro aporte do fundo, sem que tenha apresentado receita superior a esse limite nos últimos 3 (três) exercícios sociais; [...] § 3º As companhias referidas no caput não podem ser controladas, direta ou indiretamente, por sociedade ou grupo de sociedades, de fato ou de direito, que apresente ativo total superior a R$ 240.000.000,00 (duzentos e quarenta milhões de reais) ou receita bruta anual superior a R$ 300.000.000,00 (trezentos milhões de reais) no encerramento do exercício social imediatamente anterior ao primeiro aporte do FIP. [...]" (COMISSÃO DE VALORES MOBILIÁRIOS (CVM). Instrução CVM n. 578, de 30 de agosto de 2016. Dispõe sobre a constituição, o funcionamento e a administração dos Fundos de Investimento em Participações. **Presidência da Comissão de Valores Mobiliários — CVM**, Rio de Janeiro, RJ, 30 ago. 2016. Disponível em: <http://www.cvm.gov.br/export/sites/cvm/legislacao/instrucoes/anexos/500/inst578consolid.pdf>. Acesso em: 18 jun. 2018).

2.4.3 *Crowdfunding* de investimento

O *crowdfunding* é uma forma de financiamento coletivo baseada na *internet*, que busca captar recursos de terceiros para viabilizar projetos ou empreendimentos.

Há quatro modalidades desse tipo de financiamento. São elas: (a) doação (por meio do qual é feita uma contribuição sem receber nada em troca); (b) recompensa (quem faz o investimento recebe alguma forma de recompensa, que varia dependendo do valor oferecido); (c) *equity crowdfunding* (em troca do valor aportado é entregue participação societária da sociedade na qual está investindo); e (d) *debt crowdfunding* (o valor emprestado é devolvido após certo prazo, com correção e juros pré-estabelecidos).[65]

As modalidades *equity crowdfunding* e *debt crowdfunding* são espécies do *crowdfunding* de investimento, que é o utilizado para capitalizar as *startups*.

Para conceituar o *crowdfunding* de investimento, vale transcrever a definição prevista na Resolução CVM n. 88, de 27 de abril de 2022 (RCVM 88), que o regulamenta:

> Art. 2º Para fins desta Resolução, aplicam-se as seguintes definições:
> I — crowdfunding de investimento: captação de recursos por meio de oferta pública de distribuição de valores mobiliários dispensada de registro, realizada por emissores considerados sociedades empresárias de pequeno porte nos termos desta Resolução, e distribuída exclusivamente por meio de plataforma eletrônica de investimento participativo, sendo os destinatários da oferta uma pluralidade de investidores que fornecem financiamento nos limites previstos nesta Resolução; [...][66]

65 Conforme: ANDRADE, Lisane. 4 tipos de campanhas de crowdfunding. **Meu Financiamento Coletivo**. 22 mai. 2015. Disponível em: <https://bit.ly/2yFKnbM>. Acesso em: 24 jun. 2018.

66 COMISSÃO DE VALORES MOBILIÁRIOS (CVM). Resolução CVM n. 88, de 27 de abril de 2022. Dispõe sobre a oferta pública de distribuição de valores mobiliários de emissão de sociedades empresárias de pequeno porte realizada com dispensa de registro por meio de plataforma eletrônica de investimento participativo e revoga a Instrução CVM n. 588, de 13 de julho de 2017. **Presidência da Comissão de Valores Mobiliários — CVM**, Rio de Janeiro, RJ, 27 abr. 2022. Disponível em: <https://conteudo.cvm.gov.br/export/sites/cvm/legislacao/resolucoes/anexos/001/resol088consolid.pdf >. Acesso em: 26 jul. 2022.

Da definição apresentada verifica-se que, para que seja possível a obtenção desse tipo de investimento, é necessário utilizar-se de plataforma eletrônica de investimento participativo, a qual aproximará a sociedade investida de seus investidores, intermediará a realização dos investimentos e deverá seguir todas as obrigações a ela atribuídas pela RCVM 88.

Além dessas atribuições, desde 01 de julho de 2022 as plataformas eletrônicas de *crowdfunding* de investimento estão autorizadas a atuarem como intermediadoras de transações de compra e venda de valores mobiliários de *startups* que tenham sido emitidos por meio delas. [67]

Essas negociações, chamadas pela Comissão de Valores Mobiliários (CVM) de "transações subsequentes", embora não criem um mercado secundário (como a própria CVM fez questão de enfatizar), ajudam a trazer liquidez para essa modalidade de investimento.

A formalização de investimento em *startups* via *crowdfunding* ocorre por obtenção direta de participação societária ou via contrato de mútuo conversível em participação societária, havendo diversas regras e limites impostos pela RCVM 88 que devem ser observados para que seja possível concretizar a captação de recursos.[68]

[67] "Art. 15. É permitido às plataformas eletrônicas de investimento participativo atuar como intermediadoras de transações de compra e venda de valores mobiliários já emitidos publicamente por sociedade empresária de pequeno porte que tenha realizado ao menos uma oferta pública de distribuição no ambiente da plataforma." (COMISSÃO DE VALORES MOBILIÁRIOS (CVM). Resolução CVM n. 88, de 27 de abril de 2022. Dispõe sobre a oferta pública de distribuição de valores mobiliários de emissão de sociedades empresárias de pequeno porte realizada com dispensa de registro por meio de plataforma eletrônica de investimento participativo e revoga a Instrução CVM n. 588, de 13 de julho de 2017. **Presidência da Comissão de Valores Mobiliários — CVM**, Rio de Janeiro, RJ, 27 abr. 2022. Disponível em: <https://conteudo.cvm.gov.br/export/sites/cvm/legislacao/resolucoes/anexos/001/resol088consolid.pdf>. Acesso em: 26 jul. 2022).

[68] Por exemplo, conforme previsto no artigo 3º da RCVM 88, o valor máximo de captação não pode ser superior a quinze milhões de reais; o prazo de captação não pode ser superior a cento e oitenta dias; deve ser concedido ao investidor ao menos cinco dias de período de desistência; o emissor tem que ser sociedade empresária de pequeno porte; há certas limitações para a destinação dos recursos; entre outros. Para maiores detalhes, cf. artigos 3º a 5º da RCVM 88 (COMISSÃO DE VALORES MOBILIÁRIOS (CVM). Resolução CVM n. 88, de 27 de abril de 2022. Dispõe sobre a oferta pública de distribuição de valores mobiliários de emissão de sociedades empresárias de pequeno porte realizada com dispensa de registro por meio de plataforma eletrônica de investimento participativo e revoga a Instrução CVM n. 588, de 13 de julho de 2017. **Presidência da Comissão de Valores Mobiliários — CVM,**

O *crowdfunding* de investimento costuma angariar valores que variam entre os geralmente investidos por investidores-anjo e aqueles aportados por fundos de *seed capital.*

2.4.4 *Venture debt*

Além dos investidores já mencionados, mais recentemente surgiram no Brasil empresas especializadas em *venture debt.* Essas empresas oferecem empréstimos para *startups* com um retorno atrelado não somente a taxa de juros, mas também a um componente variável de remuneração, de acordo com o desempenho da *startup*. Como garantia, são exigidos recebíveis aos quais a *startup* tenha direito em decorrência de sua atividade.

O *venture debt* geralmente é uma opção para *startups* que se encontram entre as fases de tração e *scale-up*, e costumam ser captados para que a *startup* tenha fôlego para chegar à próxima rodada de investimento (são os chamados *bridge round*).[69]

2.5 Desinvestimento

Após a obtenção dos investimentos mencionados, as *startups* possuem, então, uma maior possibilidade de consolidarem-se no mercado, visando atingir o objetivo final comum dos empreendedores e investidores, o qual é multiplicar os valores investidos. Essa multiplicação é realizada por meio do desinvestimento.

O desinvestimento acontece quando o empreendedor ou o investidor vende a totalidade ou parte da participação societária que possui na *startup*. Isso costuma ocorrer quando a *startup* atingiu valores de mercado que tornam a saída do empreendedor ou do investidor vantajosa economicamente ou mesmo quando um deles (ou ambos) decide direcionar seus esforços e investimentos para novos empreendimentos, ainda que sem a obtenção de lucro no patamar inicialmente almejado.

Há duas formas para que o desinvestimento ocorra, as quais serão tratadas a seguir.

Rio de Janeiro, RJ, 27 abr. 2022. Disponível em: <https://conteudo.cvm.gov.br/export/sites/cvm/legislacao/resolucoes/anexos/001/resol088consolid.pdf >. Acesso em: 26 jul. 2022).

[69] Conforme: Reis, Edgar Vidigal de Andrade. **Tipos de investidor por fase da startup**. 25 mai. 2021. Disponível em: <https://vidigalreis.com.br/tipos-de-investidor-por-fase-da-startup/>. Acesso em: 26 jul. 2022.

2.5.1 *Venda de participação*

A primeira das formas de desinvestimento é concretizada pela alienação para terceiros de parte ou do total da participação societária que possui. Os compradores podem ser tanto outros sócios da *startup*, como outros investidores (que desejem aportar mais recursos na *startup* para possibilitar o seu crescimento), ou mesmo outras empresas (que almejem adentrar o mercado em que a *startup* está inserida, ou então que tenham interesse na utilização do produto desenvolvido pela *startup* em benefício do seu negócio, ou mesmo concorrentes da *startup* que desejem ampliar a participação que possuem no mercado).

Essa alienação é realizada por meio de contratos particulares, além do cumprimento de formalidades societárias. No caso das sociedades limitadas, é necessário alterar o contrato social, para formalizar a mudança ocorrida no quadro societário. Tratando-se de sociedades anônimas, deve-se fazer as devidas anotações nos respectivos livros societários de registro de ações e de transferência de ações.

Trata-se de alternativa mais simples, menos custosa e mais célere de ser formalizada, razão pela qual é a mais utilizada no Brasil. Por outro lado, a opção da abertura de capital que será tratada a seguir pode trazer certas vantagens que a tornem a melhor opção em determinadas hipóteses.

2.5.2 *Abertura de capital*

A outra forma de realizar o desinvestimento é por meio da abertura de capital. Como será abordado na seção 3.2.1, este é procedimento exclusivo das sociedades anônimas e que visa possibilitar que as ações da companhia sejam negociadas no mercado de valores mobiliários.

A abertura de capital é um procedimento burocrático e custoso, que implica também em assunção de novas e mais complexas responsabilidades por parte das companhias, as quais lhe são atribuídas por lei e pela Comissão de Valores Mobiliários, com o objetivo de proteger os recursos de poupanças populares que são acessados na bolsa de valores.

Entretanto, mesmo representando maior custo e burocracia para a companhia, pode ser interessante aos sócios da *startup* fazer uso de referido procedimento devido às vantagens dele advindas.

Um dos grandes benefícios decorrentes da abertura de capital é trazer liquidez para as ações da companhia, que passam a ser negociadas de maneira mais ampla, por estarem acessíveis para uma quantidade maior de investidores. Em algumas hipóteses, inclusive, pode ser a única forma de desinvestimento, caso o sócio que deseje alienar a sua participação não encontre compradores fora do mercado de valores mobiliários.

Outro benefício de grande importância é a possibilidade de conseguir mais investimentos para a companhia, ao emitir novas ações que serão ofertadas em bolsa, acessando assim os recursos de poupanças populares, os quais são inacessíveis para as companhias de capital fechado. Essa pode ser uma forma interessante de possibilitar que a sociedade angarie novos recursos para manter o seu plano de expansão.

3. ESTRUTURAS SOCIETÁRIAS NO DIREITO BRASILEIRO MAIS ADEQUADAS AOS OBJETIVOS DAS *STARTUPS*

Na legislação brasileira são previstos diversos tipos societários. Entretanto, alguns deles na prática acabam por quase não serem utilizados por *startups*. Dessa forma, será dado enfoque nos três tipos que são mais adequados para atender aos anseios das *startups* e que, por essa razão, são os adotados com maior frequência.

Os tipos societários que serão analisados nesta seção são: (a) sociedade limitada; (b) sociedade anônima; e (c) sociedade em conta de participação.

Enquanto os dois primeiros são alternativas para a estrutura de constituição da pessoa jurídica da *startup*, a sociedade em conta de participação, nesse ramo específico, é utilizada como meio de formalização de investimento (conforme será mais bem detalhado na subseção 3.3).

Buscar-se-á, então, analisar as principais características de cada um, as razões para a sua utilização e os principais riscos intrínsecos.

Ao final da seção, será apresentado um quadro comparativo, com o objetivo de possibilitar uma análise resumida e direcionada dos principais pontos abordados.

Antes, porém, de abordar cada tipo societário, é importante apresentar algumas breves informações acerca das sociedades.

As sociedades são pessoas jurídicas de direito privado (assim como o são as associações, as fundações, as organizações religiosas e os partidos políticos).[70]

[70] "Art. 44. São pessoas jurídicas de direito privado: I — as associações; II — as sociedades; III — as fundações; IV — as organizações religiosas; V — os partidos políticos. [...]" (BRASIL.

Toda sociedade regularmente constituída, com seus atos constitutivos inscritos no registro próprio, possui personalidade jurídica.[71] Desta forma, cada sociedade possui uma personalidade própria, que não se confunde com a personalidade civil de seus sócios pessoas naturais nem com a personalidade jurídica de seus sócios pessoas jurídicas.

Entretanto, embora todas as sociedades em situação regular possuam personalidades distintas das de seus sócios, e, consequentemente, patrimônios distintos, em alguns tipos societários os sócios respondem com seu patrimônio próprio pelas dívidas societárias que extrapolem os bens da sociedade (como ocorre nas sociedades simples[72] e nas sociedades em nome coletivo,[73] por exemplo), enquanto em outros tipos, salvo em caso de desconsideração da personalidade jurídica, não há essa responsabilização (como é o caso das sociedades limitadas[74] e das sociedades anônimas[75]).

Lei n. 10.406, de 10 de janeiro de 2002. Institui o Código Civil. **Palácio do Planalto Presidência da República**, Brasília, DF, 10 jan. 2002. Disponível em: <http://www.planalto.gov.br/CCivil_03/Leis/2002/L10406compilada.htm>. Acesso em: 03 jun. 2018).

[71] "Art. 985. A sociedade adquire personalidade jurídica com a inscrição, no registro próprio e na forma da lei, dos seus atos constitutivos (arts. 45 e 1.150)." (BRASIL. Lei n. 10.406, de 10 de janeiro de 2002. Institui o Código Civil. **Palácio do Planalto Presidência da República**, Brasília, DF, 10 jan. 2002. Disponível em: <http://www.planalto.gov.br/CCivil_03/Leis/2002/L10406compilada.htm>. Acesso em: 03 jun. 2018).

[72] "Art. 1.023. Se os bens da sociedade não lhe cobrirem as dívidas, respondem os sócios pelo saldo, na proporção em que participem das perdas sociais, salvo cláusula de responsabilidade solidária." (BRASIL. Lei n. 10.406, de 10 de janeiro de 2002. Institui o Código Civil. **Palácio do Planalto Presidência da República**, Brasília, DF, 10 jan. 2002. Disponível em: <http://www.planalto.gov.br/CCivil_03/Leis/2002/L10406compilada.htm>. Acesso em: 03 jun. 2018).

[73] "Art. 1.039. Somente pessoas físicas podem tomar parte na sociedade em nome coletivo, respondendo todos os sócios, solidária e ilimitadamente, pelas obrigações sociais." (BRASIL. Lei n. 10.406, de 10 de janeiro de 2002. Institui o Código Civil. **Palácio do Planalto Presidência da República**, Brasília, DF, 10 jan. 2002. Disponível em: <http://www.planalto.gov.br/CCivil_03/Leis/2002/L10406compilada.htm>. Acesso em: 03 jun. 2018).

[74] "Art. 1.052. Na sociedade limitada, a responsabilidade de cada sócio é restrita ao valor de suas quotas, mas todos respondem solidariamente pela integralização do capital social." (BRASIL. Lei n. 10.406, de 10 de janeiro de 2002. Institui o Código Civil. **Palácio do Planalto Presidência da República**, Brasília, DF, 10 jan. 2002. Disponível em: <http://www.planalto.gov.br/CCivil_03/Leis/2002/L10406compilada.htm>. Acesso em: 03 jun. 2018).

[75] "Art. 1º A companhia ou sociedade anônima terá o capital dividido em ações, e a responsabilidade dos sócios ou acionistas será limitada ao preço de emissão das ações subscritas ou adquiridas." (BRASIL. Lei n. 6.404, de 15 de dezembro de 1976. Dispõe sobre as Socie-

Outra informação relevante neste momento é que as sociedades podem ser simples ou empresárias. São sociedades empresárias aquelas que exercem atividade própria de empresário (isto é, "atividade econômica organizada para a produção ou a circulação de bens ou de serviços"),[76] além das sociedades por ações (independentemente de seu objeto), sendo as demais sociedades, por exclusão, caracterizadas como sociedades simples.[77]

No estudo ora realizado, todas as referências às sociedades limitadas serão em relação às sociedades empresárias limitadas, tendo em vista ser essa a forma adequada para os empreendimentos realizados por *startups*.

Passa-se, então, a analisar individualmente os tipos societários de maior relevância no ecossistema das *startups*.

3.1 Sociedade empresária limitada

3.1.1 *Principais características*

A sociedade limitada está regulamentada nos artigos 1.052 a 1.087 do Código Civil[78] e, subsidiariamente, nos artigos 997 a 1.038 da mesma

dades por Ações. **Palácio do Planalto Presidência da República**, Brasília, DF, 15 dez. 1976. Disponível em: <http://www.planalto.gov.br/ccivil_03/Leis/L6404compilada.htm>. Acesso em: 03 jun. 2018).

[76] "Art. 966. Considera-se empresário quem exerce profissionalmente atividade econômica organizada para a produção ou a circulação de bens ou de serviços. Parágrafo único. Não se considera empresário quem exerce profissão intelectual, de natureza científica, literária ou artística, ainda com o concurso de auxiliares ou colaboradores, salvo se o exercício da profissão constituir elemento de empresa." (BRASIL. Lei n. 10.406, de 10 de janeiro de 2002. Institui o Código Civil. **Palácio do Planalto Presidência da República**, Brasília, DF, 10 jan. 2002. Disponível em: <http://www.planalto.gov.br/CCivil_03/Leis/2002/L10406compilada.htm>. Acesso em: 03 jun. 2018).

[77] "Art. 982. Salvo as exceções expressas, considera-se empresária a sociedade que tem por objeto o exercício de atividade própria de empresário sujeito a registro (art. 967); e, simples, as demais. Parágrafo único. Independentemente de seu objeto, considera-se empresária a sociedade por ações; e, simples, a cooperativa." (BRASIL. Lei n. 10.406, de 10 de janeiro de 2002. Institui o Código Civil. **Palácio do Planalto Presidência da República**, Brasília, DF, 10 jan. 2002. Disponível em: <http://www.planalto.gov.br/CCivil_03/Leis/2002/L10406compilada.htm>. Acesso em: 03 jun. 2018).

[78] BRASIL. Lei n. 10.406, de 10 de janeiro de 2002. Institui o Código Civil. **Palácio do Planalto Presidência da República**, Brasília, DF, 10 jan. 2002. Disponível em: <http://www.planalto.gov.br/CCivil_03/Leis/2002/L10406compilada.htm>. Acesso em: 03 jun. 2018.

lei. Ademais, pode ainda ser regida supletivamente pela Lei 6.404/76,[79] desde que expressamente previsto no contrato social.[80]

A característica basilar desse tipo societário está na limitação da responsabilidade de seus sócios. Como já afirmado na introdução desta seção, enquanto em alguns outros tipos societários os sócios são responsáveis pelas dívidas da sociedade que extrapolem o patrimônio social, nas sociedades limitadas a responsabilidade dos sócios está limitada à integralização do capital social.[81]

Em outras palavras, o sócio da sociedade limitada é responsável por aportar na sociedade, em dinheiro ou bens, o correspondente ao valor das quotas que subscreveu (não é possível a integralização de quotas por meio da prestação de serviços).[82] Ademais, enquanto não tiver sido integralizado o capital social subscrito da sociedade, todos os sócios responsabilizam-se solidariamente perante terceiros[83] por referida integralização, mesmo em relação às quotas subscritas por outros sócios.

[79] BRASIL. Lei n. 6.404, de 15 de dezembro de 1976. Dispõe sobre as Sociedades por Ações. **Palácio do Planalto Presidência da República**, Brasília, DF, 15 dez. 1976. Disponível em: <http://www.planalto.gov.br/ccivil_03/Leis/L6404compilada.htm>. Acesso em: 03 jun. 2018.

[80] "Art. 1.053. A sociedade limitada rege-se, nas omissões deste Capítulo, pelas normas da sociedade simples. Parágrafo único. O contrato social poderá prever a regência supletiva da sociedade limitada pelas normas da sociedade anônima." (BRASIL. Lei n. 10.406, de 10 de janeiro de 2002. Institui o Código Civil. **Palácio do Planalto Presidência da República**, Brasília, DF, 10 jan. 2002. Disponível em: <http://www.planalto.gov.br/CCivil_03/Leis/2002/L10406compilada.htm>. Acesso em: 03 jun. 2018).

[81] "Art. 1.052. Na sociedade limitada, a responsabilidade de cada sócio é restrita ao valor de suas quotas, mas todos respondem solidariamente pela integralização do capital social." (BRASIL. Lei n. 10.406, de 10 de janeiro de 2002. Institui o Código Civil. **Palácio do Planalto Presidência da República**, Brasília, DF, 10 jan. 2002. Disponível em: <http://www.planalto.gov.br/CCivil_03/Leis/2002/L10406compilada.htm>. Acesso em: 03 jun. 2018).

[82] "Art. 1.055. O capital social divide-se em quotas, iguais ou desiguais, cabendo uma ou diversas a cada sócio. [...] § 2º É vedada contribuição que consista em prestação de serviços." (BRASIL. Lei n. 10.406, de 10 de janeiro de 2002. Institui o Código Civil. **Palácio do Planalto Presidência da República**, Brasília, DF, 10 jan. 2002. Disponível em: <http://www.planalto.gov.br/CCivil_03/Leis/2002/L10406compilada.htm>. Acesso em: 03 jun. 2018).

[83] Oportuno esclarecer que a responsabilização solidária dos sócios pela integralização do capital social é exclusivamente perante terceiros e não perante a sociedade. Isto é, a sociedade não poderá exigir que seus sócios respondam solidariamente pela integralização não realizada por sócio inadimplente (Conforme: Carvalhosa, Modesto. **Comentários ao Código Civil**: parte especial: do direito de empresa (artigos 1.052 a 1.195), volume 13 (coord. Antônio Junqueira de Azevedo). São Paulo: Saraiva, 2003, p. 13).

Após a integralização do capital social, os sócios não poderão ser responsabilizados pelas dívidas sociais, ainda que estas extrapolem o patrimônio da sociedade limitada (exceto em caso de desconsideração da personalidade jurídica, tema abordado na subseção 3.1.3 adiante, que trata dos principais riscos das sociedades limitadas).

Neste ponto, é válido mencionar que, a partir da Lei n. 13.874/2019, que alterou o Código Civil, a sociedade limitada passou a poder contar com um único sócio (até então era exigido que, exceto por um período transitório, houvesse ao menos dois sócios).[84]

O ato constitutivo das sociedades limitadas é denominado contrato social e, no caso das sociedades empresárias limitadas, deve ser registrado na Junta Comercial do estado em que está localizada a sede social.

No contrato social constará obrigatoriamente[85] a qualificação de todos os sócios (também denominados quotistas),[86] a denominação da sociedade, seu objeto social, sua sede e seu prazo de vigência (que pode ser determinado ou indeterminado), o valor do capital social e a forma como foi integralizado (bens ou dinheiro), a participação societária de cada sócio (o capital social das sociedades limitadas é dividido

[84] "Art. 1.052. [...] § 1º A sociedade limitada pode ser constituída por 1 (uma) ou mais pessoas. [...]" (BRASIL. Lei n. 10.406, de 10 de janeiro de 2002. Institui o Código Civil. **Palácio do Planalto Presidência da República**, Brasília, DF, 10 jan. 2002. Disponível em: <http://www.planalto.gov.br/CCivil_03/Leis/2002/L10406compilada.htm>. Acesso em: 27 jul. 2022).

[85] "Art. 997. A sociedade constitui-se mediante contrato escrito, particular ou público, que, além de cláusulas estipuladas pelas partes, mencionará: I — nome, nacionalidade, estado civil, profissão e residência dos sócios, se pessoas naturais, e a firma ou a denominação, nacionalidade e sede dos sócios, se jurídicas; II — denominação, objeto, sede e prazo da sociedade; III — capital da sociedade, expresso em moeda corrente, podendo compreender qualquer espécie de bens, suscetíveis de avaliação pecuniária; IV — a quota de cada sócio no capital social, e o modo de realizá-la; V — as prestações a que se obriga o sócio, cuja contribuição consista em serviços; VI — as pessoas naturais incumbidas da administração da sociedade, e seus poderes e atribuições; VII — a participação de cada sócio nos lucros e nas perdas; VIII — se os sócios respondem, ou não, subsidiariamente, pelas obrigações sociais. Parágrafo único. É ineficaz em relação a terceiros qualquer pacto separado, contrário ao disposto no instrumento do contrato." (BRASIL. Lei n. 10.406, de 10 de janeiro de 2002. Institui o Código Civil. **Palácio do Planalto Presidência da República**, Brasília, DF, 10 jan. 2002. Disponível em: <http://www.planalto.gov.br/CCivil_03/Leis/2002/L10406compilada.htm>. Acesso em: 03 jun. 2018).

[86] Vale destacar que, como os quotistas são qualificados no contrato social, a alteração do quadro societário implica necessariamente na alteração deste instrumento, com a devida averbação na Junta Comercial competente.

em quotas),[87] a forma de administração da sociedade e os poderes e atribuições de seus administradores (os administradores devem ser pessoas naturais, que podem ser sócios ou não, e podem ser indicados expressamente no contrato social ou também por meio de ata de reunião ou assembleia de quotistas).[88-89]

Além dos itens obrigatórios, é recomendado incluir outros assuntos no contrato social, como, por exemplo, regras para a cessão e transferência de quotas, a sucessão em caso de falecimento de sócios, a exclusão de sócios, a distribuição de dividendos e pagamento de pró-labore, entre outros, visto serem assuntos sensíveis e que, na prática, não raramente geram atritos entre os quotistas. Ademais, caso os sócios desejem a regência supletiva pelas normas das sociedades anônimas, é fundamental acrescentar expressamente essa informação no contrato social.

Caso seja do interesse dos sócios, é possível também celebrar um acordo de quotistas (que se assemelha ao acordo de acionistas previsto na legislação que regulamenta as sociedades por ações),[90] para tratar de

[87] "Art. 1.055. O capital social divide-se em quotas, iguais ou desiguais, cabendo uma ou diversas a cada sócio." (BRASIL. Lei n. 10.406, de 10 de janeiro de 2002. Institui o Código Civil. **Palácio do Planalto Presidência da República**, Brasília, DF, 10 jan. 2002. Disponível em: <http://www.planalto.gov.br/CCivil_03/Leis/2002/L10406compilada.htm>. Acesso em: 03 jun. 2018).

[88] "Art. 1.060. A sociedade limitada é administrada por uma ou mais pessoas designadas no contrato social ou em ato separado. Parágrafo único. A administração atribuída no contrato a todos os sócios não se estende de pleno direito aos que posteriormente adquiram essa qualidade." (BRASIL. Lei n. 10.406, de 10 de janeiro de 2002. Institui o Código Civil. **Palácio do Planalto Presidência da República**, Brasília, DF, 10 jan. 2002. Disponível em: <http://www.planalto.gov.br/CCivil_03/Leis/2002/L10406compilada.htm>. Acesso em: 03 jun. 2018).

[89] "Art. 1.061. A designação de administradores não sócios dependerá de aprovação da unanimidade dos sócios, enquanto o capital não estiver integralizado, e de 2/3 (dois terços), no mínimo, após a integralização." (BRASIL. Lei n. 10.406, de 10 de janeiro de 2002. Institui o Código Civil. **Palácio do Planalto Presidência da República**, Brasília, DF, 10 jan. 2002. Disponível em: <http://www.planalto.gov.br/CCivil_03/Leis/2002/L10406compilada.htm>. Acesso em: 03 jun. 2018).

[90] "Art. 118. Os acordos de acionistas, sobre a compra e venda de suas ações, preferência para adquiri-las, exercício do direito a voto, ou do poder de controle deverão ser observados pela companhia quando arquivados na sua sede. § 1º As obrigações ou ônus decorrentes desses acordos somente serão oponíveis a terceiros, depois de averbados nos livros de registro e nos certificados das ações, se emitidos. § 2° Esses acordos não poderão ser invocados para eximir o acionista de responsabilidade no exercício do direito de voto (artigo 115) ou

assuntos como exercício do direito de voto, poder de controle e o que mais os quotistas entenderem ser conveniente (desde que não confronte a legislação em vigor).

As deliberações das sociedades limitadas são tomadas por meio de assembleias ou reuniões de sócios.[91] Há no Código Civil um rol de

do poder de controle (artigos 116 e 117). § 3º Nas condições previstas no acordo, os acionistas podem promover a execução específica das obrigações assumidas. § 4º As ações averbadas nos termos deste artigo não poderão ser negociadas em bolsa ou no mercado de balcão. § 5º No relatório anual, os órgãos da administração da companhia aberta informarão à assembleia-geral as disposições sobre política de reinvestimento de lucros e distribuição de dividendos, constantes de acordos de acionistas arquivados na companhia. § 6º O acordo de acionistas cujo prazo for fixado em função de termo ou condição resolutiva somente pode ser denunciado segundo suas estipulações. § 7º O mandato outorgado nos termos de acordo de acionistas para proferir, em assembleia-geral ou especial, voto contra ou a favor de determinada deliberação, poderá prever prazo superior ao constante do § 1o do art. 126 desta Lei. § 8º O presidente da assembleia ou do órgão colegiado de deliberação da companhia não computará o voto proferido com infração de acordo de acionistas devidamente arquivado. § 9º O não comparecimento à assembleia ou às reuniões dos órgãos de administração da companhia, bem como as abstenções de voto de qualquer parte de acordo de acionistas ou de membros do conselho de administração eleitos nos termos de acordo de acionistas, assegura à parte prejudicada o direito de votar com as ações pertencentes ao acionista ausente ou omisso e, no caso de membro do conselho de administração, pelo conselheiro eleito com os votos da parte prejudicada. § 10. Os acionistas vinculados a acordo de acionistas deverão indicar, no ato de arquivamento, representante para comunicar-se com a companhia, para prestar ou receber informações, quando solicitadas. § 11. A companhia poderá solicitar aos membros do acordo esclarecimento sobre suas cláusulas." (BRASIL. Lei n. 6.404, de 15 de dezembro de 1976. Dispõe sobre as Sociedades por Ações. **Palácio do Planalto Presidência da República**, Brasília, DF, 15 dez. 1976. Disponível em: <http://www.planalto.gov.br/ccivil_03/leis/L6404consol.htm>. Acesso em: 22 mai. 2018)

[91] "Art. 1.072. As deliberações dos sócios, obedecido o disposto no art. 1.010, serão tomadas em reunião ou em assembleia, conforme previsto no contrato social, devendo ser convocadas pelos administradores nos casos previstos em lei ou no contrato. § 1º A deliberação em assembleia será obrigatória se o número dos sócios for superior a dez. § 2º Dispensam-se as formalidades de convocação previstas no § 3o do art. 1.152, quando todos os sócios comparecerem ou se declararem, por escrito, cientes do local, data, hora e ordem do dia. § 3º A reunião ou a assembleia tornam-se dispensáveis quando todos os sócios decidirem, por escrito, sobre a matéria que seria objeto delas. § 4º No caso do inciso VIII do artigo antecedente, os administradores, se houver urgência e com autorização de titulares de mais da metade do capital social, podem requerer concordata preventiva. § 5º As deliberações tomadas de conformidade com a lei e o contrato vinculam todos os sócios, ainda que ausentes ou dissidentes. § 6º Aplica-se às reuniões dos sócios, nos casos omissos no contrato, o disposto na presente Seção sobre a assembleia." (BRASIL. Lei n. 10.406, de 10 de janeiro de 2002. Institui o Código Civil. **Palácio do Planalto Presidência da República**, Brasília, DF, 10 jan.

questões que dependem obrigatoriamente da deliberação dos quotistas,[92] porém não há impedimento para que os sócios estabeleçam no contrato social outros assuntos que entendam que devem ser submetidos à aprovação dos sócios reunidos em assembleia ou reunião de sócios para serem aprovados.[93]

O Código Civil estabelece os quóruns mínimos de deliberação.[94] Entretanto, não há vedação legal para que os quotistas prevejam no contrato social quóruns mais qualificados, o que não é permitido é estabelecer quóruns de deliberação inferiores aos previstos em lei.[95-96]

2002. Disponível em: <http://www.planalto.gov.br/CCivil_03/Leis/2002/L10406compilada.htm>. Acesso em: 03 jun. 2018).

92 "Art. 1.071. Dependem da deliberação dos sócios, além de outras matérias indicadas na lei ou no contrato: I — a aprovação das contas da administração; II — a designação dos administradores, quando feita em ato separado; III — a destituição dos administradores; IV — o modo de sua remuneração, quando não estabelecido no contrato; V — a modificação do contrato social; VI — a incorporação, a fusão e a dissolução da sociedade, ou a cessação do estado de liquidação; VII — a nomeação e destituição dos liquidantes e o julgamento das suas contas; VIII — o pedido de concordata." (BRASIL. Lei n. 10.406, de 10 de janeiro de 2002. Institui o Código Civil. **Palácio do Planalto Presidência da República**, Brasília, DF, 10 jan. 2002. Disponível em: <http://www.planalto.gov.br/CCivil_03/Leis/2002/L10406compilada.htm>. Acesso em: 03 jun. 2018).

93 Conforme: Carvalhosa, Modesto. **Comentários ao Código Civil**: parte especial: do direito de empresa (artigos 1.052 a 1.195), volume 13 (coord. Antônio Junqueira de Azevedo). São Paulo: Saraiva, 2003, p. 172.

94 "Art. 1.076. Ressalvado o disposto no art. 1.061, as deliberações dos sócios serão tomadas: I — pelos votos correspondentes, no mínimo, a três quartos do capital social, nos casos previstos nos incisos V e VI do art. 1.071; II — pelos votos correspondentes a mais de metade do capital social, nos casos previstos nos incisos II, III, IV e VIII do art. 1.071; III — pela maioria de votos dos presentes, nos demais casos previstos na lei ou no contrato, se este não exigir maioria mais elevada." (BRASIL. Lei n. 10.406, de 10 de janeiro de 2002. Institui o Código Civil. **Palácio do Planalto Presidência da República**, Brasília, DF, 10 jan. 2002. Disponível em: <http://www.planalto.gov.br/CCivil_03/Leis/2002/L10406compilada.htm>. Acesso em: 27 jul. 2022).

95 Conforme: Borba, José Edwaldo Tavares. **Direito societário.** 13.ed. rev. e atual. Rio de Janeiro: Renovar, 2012, p. 152.

96 Em sentido contrário, porém, é o entendimento de Modesto Carvalhosa, para quem os quóruns expostos no artigo 1.076 do Código Civil são taxativos, não podendo ser majorados, visando evitar "[...] o bloqueio absoluto da minoria sobre todos os assuntos de interesse social, o que levaria a um impasse na vida da sociedade. [...]" (Carvalhosa, Modesto. **Comentários ao Código Civil**: parte especial: do direito de empresa (artigos 1.052 a 1.195), volume 13 (coord. Antônio Junqueira de Azevedo). São Paulo: Saraiva, 2003, p. 241).

É fundamental, aqui, fazer a ressalva de que, no caso das microempresas e empresas de pequeno porte (nas quais está enquadrada grande parte das *startups* em fase inicial), há um quórum mínimo diferenciado, estabelecido na Lei Complementar 123.[97]

Tratando de voto, é importante esclarecer que, em junho de 2020, com a publicação da Instrução Normativa DREI n. 81,[98] o Departamento Nacional de Registro Empresarial e Integração (DREI) alterou o Manual de Registro de Sociedade Limitada e, pela primeira vez, expressamente autorizou o registro de contrato social com quotas preferenciais sem direito a voto.[99]

[97] "Art. 70. As microempresas e as empresas de pequeno porte são desobrigadas da realização de reuniões e assembleias em qualquer das situações previstas na legislação civil, as quais serão substituídas por deliberação representativa do primeiro número inteiro superior à metade do capital social. § 1º O disposto no caput deste artigo não se aplica caso haja disposição contratual em contrário, caso ocorra hipótese de justa causa que enseje a exclusão de sócio ou caso um ou mais sócios ponham em risco a continuidade da empresa em virtude de atos de inegável gravidade. § 2º Nos casos referidos no § 1o deste artigo, realizar-se-á reunião ou assembleia de acordo com a legislação civil." (BRASIL. Lei Complementar n. 123, de 14 de dezembro de 2006. Institui o Estatuto Nacional da Microempresa e da Empresa de Pequeno Porte; altera dispositivos das Leis no 8.212 e 8.213, ambas de 24 de julho de 1991, da Consolidação das Leis do Trabalho — CLT, aprovada pelo Decreto-Lei no 5.452, de 1o de maio de 1943, da Lei no 10.189, de 14 de fevereiro de 2001, da Lei Complementar no 63, de 11 de janeiro de 1990; e revoga as Leis no 9.317, de 5 de dezembro de 1996, e 9.841, de 5 de outubro de 1999. **Palácio do Planalto Presidência da República**, Brasília, DF, 14 dez. 2006. Disponível em: <http://www.planalto.gov.br/ccivil_03/Leis/lcp/lcp123.htm>. Acesso em: 03 jun. 2018).

[98] DEPARTAMENTO NACIONAL DE REGISTRO EMPRESARIAL E INTEGRAÇÃO (DREI). Instrução Normativa DREI n. 81, de 10 de junho de 2020. Dispõe sobre as normas e diretrizes do Registro Público de Empresas, bem como regulamenta as disposições do Decreto n. 1.800, de 30 de janeiro de 1996. **Diretor do Departamento Nacional de Registro Empresarial e Integração — DREI**, Brasília, DF, 10 jun. 2020. Disponível em: <https://bit.ly/3badkQY>. Acesso em: 27 jul. 2022.

[99] "**5.3.1. Quotas preferenciais.** São admitidas quotas de classes distintas, nas proporções e condições definidas no contrato social, que atribuam a seus titulares direitos econômicos e políticos diversos, podendo ser suprimido ou limitado o direito de voto pelo sócio titular da quota preferencial respectiva, observados os limites da Lei n. 6.404, de 1976, aplicada supletivamente." (DEPARTAMENTO NACIONAL DE REGISTRO EMPRESARIAL E INTEGRAÇÃO (DREI). Manual de Registro de Sociedade Limitada. **Ministério da Economia**, Brasília, DF, 15 jun. 2020. Disponível em: <https://bit.ly/3zgwFrD>. Acesso em: 27 jul. 2022).

Essa foi uma importante mudança, que retirou a incerteza que antes havia na criação de quotas preferenciais sem direito a voto.[100] Assim, confirmou-se o entendimento já defendido por parte da doutrina de que é possível a criação de quotas sem direito a voto em sociedades limitadas que possuem a previsão de regência supletiva pelas normas das sociedades anônimas.[101]

Ainda acerca das quotas, caso no contrato social não haja previsão sobre a cessão dessas, os sócios poderão ceder livremente para outros sócios uma parcela ou a totalidade de suas quotas sem a necessidade de autorização prévia dos demais sócios. Entretanto, para haver a cessão de quotas a não-sócios, esta dependerá da não oposição de mais de um quarto do capital social.[102]

[100] Quando da publicação da primeira edição deste livro, havia sido realizada pesquisa jurisprudencial no Superior Tribunal de Justiça e no Tribunal de Justiça do Estado de São Paulo, não tendo sido encontrado qualquer julgado acerca do assunto, o que fortalecia o argumento da incerteza em relação ao tratamento que o Poder Judiciário daria ao tema. Ademais, embora o DREI, por intermédio da Instrução Normativa DREI n. 38, de 02 de março de 2017, tivesse feito menção em seu Manual de Registro da Sociedade Limitada à possibilidade de instituição de quotas preferenciais, não havia previsão de que nestas pudesse ser excluído o direito a voto de seus titulares. (Conforme: DEPARTAMENTO NACIONAL DE REGISTRO EMPRESARIAL E INTEGRAÇÃO (DREI). Instrução Normativa DREI n. 38, de 02 de março de 2017. Institui os Manuais de Registro de Empresário Individual, Sociedade Limitada, Empresa Individual de Responsabilidade Limitada — EIRELI, Cooperativa e Sociedade Anônima. **Diretor do Departamento Nacional de Registro Empresarial e Integração — DREI**, Brasília, DF, 02 mai. 2017. Disponível em: <https://bit.ly/2wfm281>. Acesso em: 20 ago. 2018).

[101] Nesse sentido, pode-se citar, a título de exemplo, como favoráveis à emissão de quotas preferenciais sem direito a voto, Francisco Antunes Maciel Müssnich e Fábio Henrique Peres (Conforme: Müssnich, Francisco Antunes Maciel; Peres, Fábio Henrique. Notas acerca das quotas no direito brasileiro. In: Azevedo, Luís André N. de Moura; Castro, Rodrigo R. Monteiro de (coord.). **Sociedade limitada contemporânea**. São Paulo: Quartier Latin, 2013, p. 98-101). Em contrapartida, vale mencionar que, ao menos antes do posicionamento favorável do DREI, José Edwaldo Tavares Borba defendia a impossibilidade de quotas preferenciais sem direito a voto em sociedades limitadas, por entender que o voto é direito essencial do quotista, do qual este não pode ser privado (Conforme: Borba, José Edwaldo Tavares. **Direito Societário**. 13.ed. rev. e atual. Rio de Janeiro: Renovar, 2012, p. 141).

[102] "Art. 1.057. Na omissão do contrato, o sócio pode ceder sua quota, total ou parcialmente, a quem seja sócio, independentemente de audiência dos outros, ou a estranho, se não houver oposição de titulares de mais de um quarto do capital social. Parágrafo único. A cessão terá eficácia quanto à sociedade e terceiros, inclusive para os fins do parágrafo único do art. 1.003, a partir da averbação do respectivo instrumento, subscrito pelos sócios anuentes."

Por fim, vale uma breve menção ao conselho fiscal. Esse não é um órgão obrigatório nas sociedades limitadas, mas pode ser instituído por meio do contrato social, para examinar as finanças da sociedade e exercer as demais atribuições previstas em lei ou no contrato social.[103-104]

3.1.2 *Razões para a sua utilização*

A sociedade limitada é a principal escolha de tipo societário quando da constituição de uma sociedade.[105] Isso porque, dentre os tipos societá-

(BRASIL. Lei n. 10.406, de 10 de janeiro de 2002. Institui o Código Civil. **Palácio do Planalto Presidência da República**, Brasília, DF, 10 jan. 2002. Disponível em: <http://www.planalto.gov.br/CCivil_03/Leis/2002/L10406compilada.htm>. Acesso em: 03 jun. 2018).

[103] "Art. 1.066. Sem prejuízo dos poderes da assembleia dos sócios, pode o contrato instituir conselho fiscal composto de três ou mais membros e respectivos suplentes, sócios ou não, residentes no País, eleitos na assembleia anual prevista no art. 1.078. § 1º Não podem fazer parte do conselho fiscal, além dos inelegíveis enumerados no § 1o do art. 1.011, os membros dos demais órgãos da sociedade ou de outra por ela controlada, os empregados de quaisquer delas ou dos respectivos administradores, o cônjuge ou parente destes até o terceiro grau. § 2º É assegurado aos sócios minoritários, que representarem pelo menos um quinto do capital social, o direito de eleger, separadamente, um dos membros do conselho fiscal e o respectivo suplente." (BRASIL. Lei n. 10.406, de 10 de janeiro de 2002. Institui o Código Civil. **Palácio do Planalto Presidência da República**, Brasília, DF, 10 jan. 2002. Disponível em: <http://www.planalto.gov.br/CCivil_03/Leis/2002/L10406compilada.htm>. Acesso em: 03 jun. 2018).

[104] "Art. 1.069. Além de outras atribuições determinadas na lei ou no contrato social, aos membros do conselho fiscal incumbem, individual ou conjuntamente, os deveres seguintes: I — examinar, pelo menos trimestralmente, os livros e papéis da sociedade e o estado da caixa e da carteira, devendo os administradores ou liquidantes prestar-lhes as informações solicitadas; II — lavrar no livro de atas e pareceres do conselho fiscal o resultado dos exames referidos no inciso I deste artigo; III — exarar no mesmo livro e apresentar à assembleia anual dos sócios parecer sobre os negócios e as operações sociais do exercício em que servirem, tomando por base o balanço patrimonial e o de resultado econômico; IV — denunciar os erros, fraudes ou crimes que descobrirem, sugerindo providências úteis à sociedade; V — convocar a assembleia dos sócios se a diretoria retardar por mais de trinta dias a sua convocação anual, ou sempre que ocorram motivos graves e urgentes; VI — praticar, durante o período da liquidação da sociedade, os atos a que se refere este artigo, tendo em vista as disposições especiais reguladoras da liquidação." (BRASIL. Lei n. 10.406, de 10 de janeiro de 2002. Institui o Código Civil. **Palácio do Planalto Presidência da República**, Brasília, DF, 10 jan. 2002. Disponível em: <http://www.planalto.gov.br/CCivil_03/Leis/2002/L10406compilada.htm>. Acesso em: 03 jun. 2018).

[105] Em relatório da Junta Comercial do Estado de São Paulo é possível verificar que, entre os anos de 2003 e 2012, foram constituídas 858.410 sociedades limitadas no estado de São Paulo. No mesmo período e localização, foram constituídas apenas 8.282 sociedades anô-

rios existentes no país, é o que possui, para empreendimentos de pequeno e médio porte, a melhor relação de custo-benefício entre a proteção do patrimônio de seus sócios e o custo e burocracia a ele inerentes.

Por um lado, as sociedades limitadas trazem como vantagem em relação a outros tipos societários a limitação da responsabilidade de seus sócios à integralização do capital social. Por outro, trazem em relação às sociedades anônimas (que também possuem boa proteção ao patrimônio de seus acionistas, como será abordado mais adiante) o benefício de uma estrutura menos custosa e com burocracia reduzida.[106]

Outrossim, a escolha pela sociedade limitada em detrimento da sociedade anônima possibilita às *startups* optarem por um regime tributário que é, em muitas hipóteses, mais vantajoso,[107] o que, principalmente no início dos empreendimentos, pode ser o diferencial entre o sucesso e o fracasso.

E, a partir de setembro de 2019, as sociedades limitadas passaram a poder ter um único sócio, resolvendo assim uma dificuldade dos empreendedores que queriam iniciar seus negócios sem outros sócios.[108]

nimas (Conforme: JUNTA COMERCIAL DO ESTADO DE SÃO PAULO. **Relatório de atividades 2012-2011**: nasce uma nova JUCESP. Jan. 2013, p. 22. Disponível em: <https://bit.ly/2OYnuDD>. Acesso em: 22 ago. 2018).

106 Na subseção 3.2.1 são abordadas algumas questões burocráticas das sociedades anônimas.

107 Tendo em vista que o aprofundamento em questões tributárias foge do foco desta obra, limita-se a esclarecer que as sociedades anônimas não podem ser consideradas microempresas nem empresas de pequeno porte, conforme determina o artigo 3º, § 4º, inciso X, da Lei Complementar 123. Desta forma, é vedado às sociedades anônimas optar pelo Regime Especial Unificado de Arrecadação de Tributos e Contribuições devidos pelas Microempresas e Empresas de Pequeno Porte — Simples Nacional, instituído no artigo 12 da mesma norma. (Conforme: BRASIL. Lei Complementar n. 123, de 14 de dezembro de 2006. Institui o Estatuto Nacional da Microempresa e da Empresa de Pequeno Porte; altera dispositivos das Leis no 8.212 e 8.213, ambas de 24 de julho de 1991, da Consolidação das Leis do Trabalho — CLT, aprovada pelo Decreto-Lei no 5.452, de 1o de maio de 1943, da Lei no 10.189, de 14 de fevereiro de 2001, da Lei Complementar no 63, de 11 de janeiro de 1990; e revoga as Leis no 9.317, de 5 de dezembro de 1996, e 9.841, de 5 de outubro de 1999. **Palácio do Planalto Presidência da República**, Brasília, DF, 14 dez. 2006. Disponível em: <http://www.planalto.gov.br/ccivil_03/Leis/lcp/lcp123.htm>. Acesso em: 03 jun. 2018).

108 "Art. 1.052. [...] § 1º A sociedade limitada pode ser constituída por 1 (uma) ou mais pessoas. [...]" (BRASIL. Lei n. 10.406, de 10 de janeiro de 2002. Institui o Código Civil. **Palácio do Planalto Presidência da República**, Brasília, DF, 10 jan. 2002. Disponível em: <http://www.planalto.gov.br/CCivil_03/Leis/2002/L10406compilada.htm>. Acesso em: 27 jul. 2022).

3.1.3 *Principais pontos de atenção*

O principal risco existente na sociedade limitada é a desconsideração da personalidade jurídica, visto que, caso ocorra, ocasiona a perda da limitação da responsabilidade dos sócios, que passam a ter que responder com seu patrimônio pessoal por dívidas da sociedade.

A sociedade empresária devidamente constituída possui personalidade jurídica, a qual é própria e independente da personalidade civil ou jurídica de seus sócios. Assim como as personalidades das sociedades limitadas e de seus sócios não se confundem, também não se confundem os seus patrimônios,[109] sendo que nas sociedades limitadas os quotistas respondem exclusivamente pela integralização do capital social, não tendo que dispor de seu patrimônio pessoal para assumir dívidas sociais que ultrapassem o patrimônio da sociedade limitada. Há, porém, uma exceção a essa regra, que é exatamente a desconsideração da personalidade jurídica.

Quando há uma determinação judicial de desconsideração da personalidade jurídica, o que ocorre é uma autorização do magistrado para que as dívidas da sociedade questionadas no caso específico em análise possam ser cobradas não apenas do patrimônio da sociedade, mas também dos patrimônios de seus sócios e administradores.

Essa é uma medida de exceção e temporária, que deve ser aplicada com extrema cautela e critério pelo Poder Judiciário, pois, embora seja muito importante para garantir os direitos dos credores e coibir abusos por parte de pessoas que buscam utilizar de pessoas jurídicas como uma blindagem para cometer fraudes, ela ocasiona a descaracterização do princípio fundamental da sociedade limitada e pode, se aplicada de maneira equivocada, trazer grandes prejuízos.

[109] Embora a autonomia patrimonial das pessoas jurídicas em relação a seus sócios já existisse, o legislador recentemente demonstrou preocupação em não deixar dúvidas acerca disso, ao inserir, em setembro de 2019, o artigo 49-A no Código Civil: "Art. 49-A. A pessoa jurídica não se confunde com os seus sócios, associados, instituidores ou administradores. Parágrafo único. A autonomia patrimonial das pessoas jurídicas é um instrumento lícito de alocação e segregação de riscos, estabelecido pela lei com a finalidade de estimular empreendimentos, para a geração de empregos, tributo, renda e inovação em benefício de todos." (BRASIL. Lei n. 10.406, de 10 de janeiro de 2002. Institui o Código Civil. **Palácio do Planalto Presidência da República**, Brasília, DF, 10 jan. 2002. Disponível em: <http://www.planalto.gov.br/CCivil_03/Leis/2002/L10406compilada.htm>. Acesso em: 27 jul. 2022).

As hipóteses que permitem a desconsideração da personalidade jurídica estão previstas em diferentes leis. No Código Civil a questão é tratada em seu artigo 50, no qual assim está disposto:

> Art. 50. Em caso de abuso da personalidade jurídica, caracterizado pelo desvio de finalidade ou pela confusão patrimonial, pode o juiz, a requerimento da parte, ou do Ministério Público quando lhe couber intervir no processo, desconsiderá-la para que os efeitos de certas e determinadas relações de obrigações sejam estendidos aos bens particulares de administradores ou de sócios da pessoa jurídica beneficiados direta ou indiretamente pelo abuso. [...][110]

Verifica-se, portanto, que, nas relações reguladas pelo Código Civil, a desconsideração da personalidade jurídica pode ser autorizada exclusivamente em caso de abuso da personalidade jurídica, o qual é caracterizado pelo desvio de finalidade ou pela confusão patrimonial.

O desvio de finalidade ocorre quando a sociedade é utilizada para fins estranhos ao seu objeto social, com o propósito de lesar credores ou para a prática de atos ilícitos. Já a confusão patrimonial é verificada quando os sócios utilizam do patrimônio da sociedade como se seu fosse (por exemplo, para quitar compromissos pessoais).[111]

O regramento do procedimento a ser seguido para a instauração do incidente de desconsideração da personalidade jurídica está previsto no Código de Processo Civil, em seus artigos 133 a 137.[112]

[110] BRASIL. Lei n. 10.406, de 10 de janeiro de 2002. Institui o Código Civil. **Palácio do Planalto Presidência da República**, Brasília, DF, 10 jan. 2002. Disponível em: <http://www.planalto.gov.br/CCivil_03/Leis/2002/L10406compilada.htm>. Acesso em: 27 jul. 2022.

[111] Conforme: Aguiar Júnior, Ruy Rosado de. A desconsideração da pessoa jurídica e a falência. In: Estevez, André Fernandes; Jobim, Marcio Felix (org.). **Estudos de direito empresarial**: Homenagem aos 50 anos de docência do Professor Peter Walter Ashton. São Paulo: Saraiva, 2012, p. 563.

[112] "Art. 133. O incidente de desconsideração da personalidade jurídica será instaurado a pedido da parte ou do Ministério Público, quando lhe couber intervir no processo. § 1º O pedido de desconsideração da personalidade jurídica observará os pressupostos previstos em lei. § 2º Aplica-se o disposto neste Capítulo à hipótese de desconsideração inversa da personalidade jurídica. Art. 134. O incidente de desconsideração é cabível em todas as fases do processo de conhecimento, no cumprimento de sentença e na execução fundada em título executivo extrajudicial. § 1º A instauração do incidente será imediatamente comunicada ao distribuidor para as anotações devidas. § 2º Dispensa-se a instauração do incidente se a

Porém, como já afirmado, o Código Civil não é o único diploma legal que aborda a desconsideração da personalidade jurídica. Há diversas normas legais pátrias que o fazem, cada uma apresentando requisitos diversos para a sua aplicação, os quais, em alguns casos, são bem mais amplos do que os previstos no Código Civil.

Não se tratará individualmente de cada uma delas aqui para não se estender demais, mas vale citar que o tema está presente: (a) no artigo 28 do Código de Defesa do Consumidor,[113] (b) no artigo 135 do Código Tributário Nacional,[114] (c) no artigo 4º da lei de proteção

desconsideração da personalidade jurídica for requerida na petição inicial, hipótese em que será citado o sócio ou a pessoa jurídica. § 3º A instauração do incidente suspenderá o processo, salvo na hipótese do § 2º. § 4º O requerimento deve demonstrar o preenchimento dos pressupostos legais específicos para desconsideração da personalidade jurídica. Art. 135. Instaurado o incidente, o sócio ou a pessoa jurídica será citado para manifestar-se e requerer as provas cabíveis no prazo de 15 (quinze) dias. Art. 136. Concluída a instrução, se necessária, o incidente será resolvido por decisão interlocutória. Parágrafo único. Se a decisão for proferida pelo relator, cabe agravo interno. Art. 137. Acolhido o pedido de desconsideração, a alienação ou a oneração de bens, havida em fraude de execução, será ineficaz em relação ao requerente." (BRASIL. Lei n. 13.105, de 16 de março de 2015. Código de Processo Civil. **Palácio do Planalto Presidência da República**, Brasília, DF, 16 mar. 2015. Disponível em: <http://www.planalto.gov.br/ccivil_03/_ato2015-2018/2015/lei/l13105.htm>. Acesso em: 05 jun. 2018).

[113] "Art. 28. O juiz poderá desconsiderar a personalidade jurídica da sociedade quando, em detrimento do consumidor, houver abuso de direito, excesso de poder, infração da lei, fato ou ato ilícito ou violação dos estatutos ou contrato social. A desconsideração também será efetivada quando houver falência, estado de insolvência, encerramento ou inatividade da pessoa jurídica provocados por má administração. § 1º (Vetado). § 2º As sociedades integrantes dos grupos societários e as sociedades controladas, são subsidiariamente responsáveis pelas obrigações decorrentes deste código. § 3º As sociedades consorciadas são solidariamente responsáveis pelas obrigações decorrentes deste código. § 4º As sociedades coligadas só responderão por culpa. § 5º Também poderá ser desconsiderada a pessoa jurídica sempre que sua personalidade for, de alguma forma, obstáculo ao ressarcimento de prejuízos causados aos consumidores." (BRASIL. Lei n. 8.078, de 11 de setembro de 1990. Dispõe sobre a proteção do consumidor e dá outras providências. **Palácio do Planalto Presidência da República**, Brasília, DF, 11 set. 1990. Disponível em: <http://www.planalto.gov.br/ccivil_03/Leis/L8078compilado.htm>. Acesso em: 05 jun. 2018).

[114] "Art. 135. São pessoalmente responsáveis pelos créditos correspondentes a obrigações tributárias resultantes de atos praticados com excesso de poderes ou infração de lei, contrato social ou estatutos: I — as pessoas referidas no artigo anterior; II — os mandatários, prepostos e empregados; III — os diretores, gerentes ou representantes de pessoas jurídicas de direito privado." (BRASIL. Lei n. 5.172, de 25 de outubro de 1966. Dispõe sobre o Sistema Tributário Nacional e institui normas gerais de direito tributário aplicáveis à União, Estados

ambiental,[115] (d) no artigo 34 da lei de prevenção e repressão às infrações contra a ordem econômica,[116] e (e) no artigo 14 da lei anticorrupção.[117]

É válido mencionar, ainda, que, embora não haja na Consolidação das Leis do Trabalho (CLT) uma previsão expressa das hipóteses que autorizem a desconsideração da personalidade jurídica na esfera trabalhista, esta, como visto na prática, é amplamente aplicada com base no princípio da alteridade, segundo o qual "não se pode transferir ao trabalhador os riscos do negócio".[118] A consequência da aplicação deste

e Municípios. **Palácio do Planalto Presidência da República**, Brasília, DF, 25 out. 1966. Disponível em: <http://www.planalto.gov.br/ccivil_03/Leis/L5172Compilado.htm>. Acesso em: 05 jun. 2018).

115 "Art. 4º Poderá ser desconsiderada a pessoa jurídica sempre que sua personalidade for obstáculo ao ressarcimento de prejuízos causados à qualidade do meio ambiente." (BRASIL. Lei n. 9.605, de 12 de fevereiro de 1998. Dispõe sobre as sanções penais e administrativas derivadas de condutas e atividades lesivas ao meio ambiente, e dá outras providências. **Palácio do Planalto Presidência da República**, Brasília, DF, 12 fev. 1998. Disponível em: <http://www.planalto.gov.br/ccivil_03/Leis/L9605.htm>. Acesso em: 05 jun. 2018).

116 "Art. 34. A personalidade jurídica do responsável por infração da ordem econômica poderá ser desconsiderada quando houver da parte deste abuso de direito, excesso de poder, infração da lei, fato ou ato ilícito ou violação dos estatutos ou contrato social. Parágrafo único. A desconsideração também será efetivada quando houver falência, estado de insolvência, encerramento ou inatividade da pessoa jurídica provocados por má administração." (BRASIL. Lei n. 12.529, de 30 de novembro de 2011. Estrutura o Sistema Brasileiro de Defesa da Concorrência; dispõe sobre a prevenção e repressão às infrações contra a ordem econômica; altera a Lei no 8.137, de 27 de dezembro de 1990, o Decreto-Lei no 3.689, de 3 de outubro de 1941 — Código de Processo Penal, e a Lei no 7.347, de 24 de julho de 1985; revoga dispositivos da Lei no 8.884, de 11 de junho de 1994, e a Lei no 9.781, de 19 de janeiro de 1999; e dá outras providências. **Palácio do Planalto Presidência da República**, Brasília, DF, 30 nov. 2011. Disponível em: <http://www.planalto.gov.br/ccivil_03/_ato2011-2014/2011/Lei/L12529.htm>. Acesso em: 05 jun. 2018).

117 "Art. 14. A personalidade jurídica poderá ser desconsiderada sempre que utilizada com abuso do direito para facilitar, encobrir ou dissimular a prática dos atos ilícitos previstos nesta Lei ou para provocar confusão patrimonial, sendo estendidos todos os efeitos das sanções aplicadas à pessoa jurídica aos seus administradores e sócios com poderes de administração, observados o contraditório e a ampla defesa." (BRASIL. Lei n. 12.846, de 1º de agosto de 2013. Dispõe sobre a responsabilização administrativa e civil de pessoas jurídicas pela prática de atos contra a administração pública, nacional ou estrangeira, e dá outras providências. **Palácio do Planalto Presidência da República**, Brasília, DF, 01 ago. 2013. Disponível em: <http://www.planalto.gov.br/ccivil_03/_ato2011-2014/2013/lei/l12846.htm>. Acesso em: 05 jun. 2018).

118 DELGADO, Maurício Godinho. Curso de direito do trabalho. 9.ed. São Paulo: LTr, 2010, p. 383 apud SALAMA, Bruno Meyerhof. **O fim da responsabilidade limitada no Brasil** — História, Direito e Economia. São Paulo: Malheiros, 2014, p. 193.

princípio é que os sócios acabam tornando-se "objetivamente responsáveis pelas dívidas trabalhistas da empresa".[119]

Nas ações trabalhistas também deve ser adotado o regramento de instauração do incidente de desconsideração da personalidade jurídica previsto no Código de Processo Civil, acima mencionado, conforme expressamente determinado pelo Superior Tribunal do Trabalho no artigo 6º da Resolução 203/2016[120] e posteriormente estabelecido também na CLT (artigo 855-A).[121]

Outro ponto que vale ser abordado, é que, caso a sociedade limitada tenha como sócia alguma pessoa jurídica, ela não poderá optar pelo Simples Nacional,[122] o qual é uma alternativa de regime tributário que muitas vezes é a mais benéfica para negócios incipientes. Isso ocorre porque, em que pese as sociedades limitadas, desde que atendidos certos requisitos, possam optar pelo Simples Nacional, há expressa vedação legal à participação de pessoa jurídica no quadro societário da sociedade optante por referido regime tributário.[123]

[119] SALAMA, Bruno Meyerhof. **O fim da responsabilidade limitada no Brasil** — História, Direito e Economia. São Paulo: Malheiros, 2014, p. 193.

[120] BRASIL. Tribunal Superior do Trabalho. Resolução n. 203, de 15 de março de 2016. Edita a Instrução Normativa n° 39, que dispõe sobre as normas do Código de Processo Civil de 2015 aplicáveis e inaplicáveis ao Processo do Trabalho, de forma não exaustiva. **Pleno do Tribunal Superior do Trabalho**, Brasília, DF, 10 mar. 2016. Disponível em: <http://www.tst.jus.br/documents/10157/429ac88e-9b78-41e5-ae28-2a5f8a27f1fe>. Acesso em: 05 jun. 2018.

[121] BRASIL. Decreto-lei n. 5.452, de 1º de maio de 1943. Aprova a Consolidação das Leis do Trabalho. **Presidência da República**, Rio de Janeiro, RJ, 1 mai. 1943. Disponível em: <http://www.planalto.gov.br/ccivil_03/decreto-lei/del5452.htm>. Acesso em: 27 jul. 2022.

[122] Regime Especial Unificado de Arrecadação de Tributos e Contribuições devidos pelas Microempresas e Empresas de Pequeno Porte — Simples Nacional, instituído pelo artigo 12 da Lei Complementar 123. (BRASIL. Lei Complementar n. 123, de 14 de dezembro de 2006. Institui o Estatuto Nacional da Microempresa e da Empresa de Pequeno Porte; altera dispositivos das Leis no 8.212 e 8.213, ambas de 24 de julho de 1991, da Consolidação das Leis do Trabalho — CLT, aprovada pelo Decreto-Lei no 5.452, de 1o de maio de 1943, da Lei no 10.189, de 14 de fevereiro de 2001, da Lei Complementar no 63, de 11 de janeiro de 1990; e revoga as Leis no 9.317, de 5 de dezembro de 1996, e 9.841, de 5 de outubro de 1999. **Palácio do Planalto Presidência da República**, Brasília, DF, 14 dez. 2006. Disponível em: <http://www.planalto.gov.br/ccivil_03/Leis/lcp/lcp123.htm>. Acesso em: 03 jun. 2018).

[123] "Art. 3º Para os efeitos desta Lei Complementar, consideram-se microempresas ou empresas de pequeno porte, a sociedade empresária, a sociedade simples, a empresa individual de responsabilidade limitada e o empresário a que se refere o art. 966 da Lei no 10.406,

3.2 Sociedade anônima

3.2.1 *Principais características*

A sociedade anônima (também conhecida como companhia) é espécie das sociedades por ações e, como tal, está regulamentada na Lei 6.404/76.[124] Ademais, há dois breves artigos acerca das sociedades anônimas no Código Civil[125] (artigos 1.088 e 1.089), pelo qual também é regida supletivamente nos casos em que a Lei 6.404/76 for omissa.

Logo no artigo 1º da Lei 6.404/76[126] (o qual é praticamente replicado no artigo 1.088 do Código Civil)[127] percebe-se duas diferenças em relação

de 10 de janeiro de 2002 (Código Civil), devidamente registrados no Registro de Empresas Mercantis ou no Registro Civil de Pessoas Jurídicas, conforme o caso, desde que: I — no caso da microempresa, aufira, em cada ano-calendário, receita bruta igual ou inferior a R$ 360.000,00 (trezentos e sessenta mil reais); e II — no caso de empresa de pequeno porte, aufira, em cada ano-calendário, receita bruta superior a R$ 360.000,00 (trezentos e sessenta mil reais) e igual ou inferior a R$ 4.800.000,00 (quatro milhões e oitocentos mil reais). [...] § 4º Não poderá se beneficiar do tratamento jurídico diferenciado previsto nesta Lei Complementar, incluído o regime de que trata o art. 12 desta Lei Complementar, para nenhum efeito legal, a pessoa jurídica: I — de cujo capital participe outra pessoa jurídica; [...]" (BRASIL. Lei Complementar n. 123, de 14 de dezembro de 2006. Institui o Estatuto Nacional da Microempresa e da Empresa de Pequeno Porte; altera dispositivos das Leis no 8.212 e 8.213, ambas de 24 de julho de 1991, da Consolidação das Leis do Trabalho — CLT, aprovada pelo Decreto-Lei no 5.452, de 1o de maio de 1943, da Lei no 10.189, de 14 de fevereiro de 2001, da Lei Complementar no 63, de 11 de janeiro de 1990; e revoga as Leis no 9.317, de 5 de dezembro de 1996, e 9.841, de 5 de outubro de 1999. **Palácio do Planalto Presidência da República**, Brasília, DF, 14 dez. 2006. Disponível em: <http://www.planalto.gov.br/ccivil_03/Leis/lcp/lcp123.htm>. Acesso em: 03 jun. 2018).

[124] BRASIL. Lei n. 6.404, de 15 de dezembro de 1976. Dispõe sobre as Sociedades por Ações. **Palácio do Planalto Presidência da República**, Brasília, DF, 15 dez. 1976. Disponível em: <http://www.planalto.gov.br/ccivil_03/Leis/L6404compilada.htm>. Acesso em: 03 jun. 2018.

[125] BRASIL. Lei n. 10.406, de 10 de janeiro de 2002. Institui o Código Civil. **Palácio do Planalto Presidência da República**, Brasília, DF, 10 jan. 2002. Disponível em: <http://www.planalto.gov.br/CCivil_03/Leis/2002/L10406compilada.htm>. Acesso em: 03 jun. 2018.

[126] "Art. 1º A companhia ou sociedade anônima terá o capital dividido em ações, e a responsabilidade dos sócios ou acionistas será limitada ao preço de emissão das ações subscritas ou adquiridas." (BRASIL. Lei n. 6.404, de 15 de dezembro de 1976. Dispõe sobre as Sociedades por Ações. **Palácio do Planalto Presidência da República**, Brasília, DF, 15 dez. 1976. Disponível em: <http://www.planalto.gov.br/ccivil_03/Leis/L6404compilada.htm>. Acesso em: 03 jun. 2018).

[127] "Art. 1.088. Na sociedade anônima ou companhia, o capital divide-se em ações, obrigando-se cada sócio ou acionista somente pelo preço de emissão das ações que subscrever ou

à sociedade limitada. A primeira é que o capital social das companhias é dividido em ações (e não em quotas, como ocorre nas sociedades limitadas). A segunda é que a responsabilidade dos sócios (denominados de acionistas) é "limitada ao preço de emissão das ações [por eles] subscritas ou adquiridas".[128] Percebe-se, portanto, que nas sociedades anônimas os acionistas não se obrigam solidariamente com os demais acionistas pela integralização do capital social, mas única e exclusivamente pelo preço das suas próprias ações.[129]

As companhias podem ser abertas ou fechadas, sendo consideradas abertas aquelas devidamente registradas na Comissão de Valores Mobiliários e cujos valores mobiliários de sua própria emissão são "admitidos à negociação no mercado de valores mobiliários", e fechadas as demais.[130]

Tendo em vista que as companhias abertas utilizam recursos de poupanças populares, estas devem atender certas obrigações que não são necessárias nas companhias fechadas, submetendo-se "à ingerência estatal e regras contábeis mais rígidas em prol do interesse coletivo".[131]

O foco desta subseção, entretanto, não é tratar das sociedades anônimas abertas, mas sim das fechadas, tendo em vista serem essas as utilizadas pelas *startups*. Obviamente que as *startups* bem-sucedidas podem vir a ser transformadas em companhias abertas, porém no momento em que isso ocorrer referidas sociedades já não mais serão *startups*, mas sim sociedades consolidadas no mercado.

adquirir." (BRASIL. Lei n. 10.406, de 10 de janeiro de 2002. Institui o Código Civil. **Palácio do Planalto Presidência da República**, Brasília, DF, 10 jan. 2002. Disponível em: <http://www.planalto.gov.br/CCivil_03/Leis/2002/L10406compilada.htm>. Acesso em: 03 jun. 2018).

[128] Artigo 1º da Lei 6.404/76 (BRASIL. Lei n. 6.404, de 15 de dezembro de 1976. Dispõe sobre as Sociedades por Ações. **Palácio do Planalto Presidência da República**, Brasília, DF, 15 dez. 1976. Disponível em: <http://www.planalto.gov.br/ccivil_03/Leis/L6404compilada.htm>. Acesso em: 03 jun. 2018).

[129] Conforme: Eizerik, Nelson. **A Lei das S/A Comentada**. Volume I — Arts. 1º a 120. São Paulo: Quartier Latin, 2011, p. 29.

[130] "Art. 4º Para os efeitos desta Lei, a companhia é aberta ou fechada conforme os valores mobiliários de sua emissão estejam ou não admitidos à negociação no mercado de valores mobiliários. [...]" (BRASIL. Lei n. 6.404, de 15 de dezembro de 1976. Dispõe sobre as Sociedades por Ações. **Palácio do Planalto Presidência da República**, Brasília, DF, 15 dez. 1976. Disponível em: <http://www.planalto.gov.br/ccivil_03/Leis/L6404compilada.htm>. Acesso em: 03 jun. 2018).

[131] Witte, Natalie Carvalho. Desmitificando a sociedade anônima. In: Júdice, Lucas Pimenta (coord.). **Direito das startups** — volume II. Curitiba: Juruá, 2017, p. 76.

O contrato pelo qual as companhias são regidas tem o nome de estatuto social e deve ser registrado na Junta Comercial do estado da sede social da sociedade. Referido instrumento é equivalente ao contrato social das sociedades limitadas e, de igual maneira, é onde são estabelecidas questões como a denominação, objeto, sede e capital social, os órgãos da sociedade (assembleia geral, conselho administrativo — que em algumas hipóteses é optativo —, diretoria e conselho fiscal) e suas atribuições, entre outros pontos relevantes.

Assim como recomendado nas sociedades limitadas, é válido utilizar-se do estatuto social para estabelecer não somente os seus elementos básicos, mas também o regramento de assuntos que os acionistas julguem importantes e queiram deixar desde já pré-estabelecidos,[132] como, por exemplo, as regras de sucessão de acionistas falecidos.

Ademais, há certos temas que podem (e devem) ser objeto de acordo de acionistas, visando melhor regular a relação entre os sócios. Embora a abordagem de algumas questões que possam ser tratadas em acordo de sócios esteja prevista legalmente, como o regramento para negociação de ações, exercício do direito de voto e poder de controle (em relação aos quais os acionistas poderão promover a execução específica desde que o acordo de acionistas esteja arquivado na sede da companhia),[133]

[132] Nas palavras de Modesto Carvalhosa: "A lei determina as matérias que, obrigatória e facultativamente, deverão constar do estatuto, podendo, ainda, os sócios estabelecer cláusulas potestativas de natureza parassocial que não contrariem o direito aplicável." (Carvalhosa, Modesto. **Comentários à lei de sociedades anônimas**, 2º volume: artigos 75 a 137. 4 ed. rev. e atual. São Paulo: Saraiva, 2008, p. 111-112).

[133] "Art. 118. Os acordos de acionistas, sobre a compra e venda de suas ações, preferência para adquiri-las, exercício do direito a voto, ou do poder de controle deverão ser observados pela companhia quando arquivados na sua sede. § 1º As obrigações ou ônus decorrentes desses acordos somente serão oponíveis a terceiros, depois de averbados nos livros de registro e nos certificados das ações, se emitidos. § 2° Esses acordos não poderão ser invocados para eximir o acionista de responsabilidade no exercício do direito de voto (artigo 115) ou do poder de controle (artigos 116 e 117). § 3º Nas condições previstas no acordo, os acionistas podem promover a execução específica das obrigações assumidas. § 4º As ações averbadas nos termos deste artigo não poderão ser negociadas em bolsa ou no mercado de balcão. § 5º No relatório anual, os órgãos da administração da companhia aberta informarão à assembleia-geral as disposições sobre política de reinvestimento de lucros e distribuição de dividendos, constantes de acordos de acionistas arquivados na companhia. § 6º O acordo de acionistas cujo prazo for fixado em função de termo ou condição resolutiva somente pode ser denunciado segundo suas estipulações. § 7º O mandato outorgado nos termos de acordo

outros assuntos também podem ser abordados em referido instrumento, desde que não sejam contrários à legislação e ao estatuto social.[134]

Voltando a tratar do estatuto social, neste, ao contrário do que ocorre no contrato social, não se faz presente a composição societária da companhia. Isso porque, enquanto na sociedade limitada há, em princípio, a feição pessoal, as sociedades anônimas são, via de regra, caracterizadas como sociedades de capital,[135] sendo que em companhias de médio e grande porte não é incomum que os acionistas nem mesmo conheçam uns aos outros.

Desta forma, nas companhias fechadas a composição societária é registrada em livro próprio, denominado livro de registro de ações nominativas,[136] e as transferências de ações são registradas no livro de

de acionistas para proferir, em assembleia-geral ou especial, voto contra ou a favor de determinada deliberação, poderá prever prazo superior ao constante do § 1o do art. 126 desta Lei. § 8º O presidente da assembleia ou do órgão colegiado de deliberação da companhia não computará o voto proferido com infração de acordo de acionistas devidamente arquivado. § 9º O não comparecimento à assembleia ou às reuniões dos órgãos de administração da companhia, bem como as abstenções de voto de qualquer parte de acordo de acionistas ou de membros do conselho de administração eleitos nos termos de acordo de acionistas, assegura à parte prejudicada o direito de votar com as ações pertencentes ao acionista ausente ou omisso e, no caso de membro do conselho de administração, pelo conselheiro eleito com os votos da parte prejudicada. § 10. Os acionistas vinculados a acordo de acionistas deverão indicar, no ato de arquivamento, representante para comunicar-se com a companhia, para prestar ou receber informações, quando solicitadas. § 11. A companhia poderá solicitar aos membros do acordo esclarecimento sobre suas cláusulas." (BRASIL. Lei n. 6.404, de 15 de dezembro de 1976. Dispõe sobre as Sociedades por Ações. **Palácio do Planalto Presidência da República**, Brasília, DF, 15 dez. 1976. Disponível em: <http://www.planalto.gov.br/ccivil_03/Leis/L6404compilada.htm>. Acesso em: 03 jun. 2018).

[134] Conforme: Carvalhosa, Modesto. **Acordo de Acionistas**: homenagem a Celso Barbi Filho. 2.ed. São Paulo: Saraiva, 2015, p. 92.

[135] Conforme: Eizerik, Nelson. **A Lei das S/A Comentada**. Volume I — Arts. 1º a 120. São Paulo: Quartier Latin, 2011, p. 27.

[136] "Art. 100. A companhia deve ter, além dos livros obrigatórios para qualquer comerciante, os seguintes, revestidos das mesmas formalidades legais: I — o livro de Registro de Ações Nominativas, para inscrição, anotação ou averbação: a) do nome do acionista e do número das suas ações; b) das entradas ou prestações de capital realizado; c) das conversões de ações, de uma em outra espécie ou classe; d) do resgate, reembolso e amortização das ações, ou de sua aquisição pela companhia; e) das mutações operadas pela alienação ou transferência de ações; f) do penhor, usufruto, fideicomisso, da alienação fiduciária em garantia ou de qualquer ônus que grave as ações ou obste sua negociação. [...] § 3º Nas companhias fechadas, os livros referidos nos incisos I, II, III, IV e V do caput deste artigo poderão ser substituídos

transferência de ações nominativas.[137] Como consequência, a transferência de ações é mais rapidamente formalizada do que a transferência de quotas na sociedade limitada, bastando a simples escrituração nos livros societários acima mencionados (os quais devem estar previamente registrados na Junta Comercial do estado da sede social).

Tratando das ações, estas podem ser ordinárias ou preferenciais, diferenciando-se pelos direitos e vantagens que cada espécie confere ao seu titular. Há, entretanto, a limitação legal de as ações preferenciais sem direito a voto (ou que possuam restrição ao seu exercício) não poderem exceder a metade do total das ações emitidas pela companhia.[138]

O artigo 17 da Lei 6.404/76 aponta as preferências ou vantagens que as ações preferenciais podem ter em relação às ações ordinárias:

> Art. 17. As preferências ou vantagens das ações preferenciais podem consistir:
>
> I — em prioridade na distribuição de dividendo, fixo ou mínimo;
>
> II — em prioridade no reembolso do capital, com prêmio ou sem ele; ou

por registros mecanizados ou eletrônicos, nos termos do regulamento." (BRASIL. Lei n. 6.404, de 15 de dezembro de 1976. Dispõe sobre as Sociedades por Ações. **Palácio do Planalto Presidência da República**, Brasília, DF, 15 dez. 1976. Disponível em: <http://www.planalto.gov.br/ccivil_03/Leis/L6404compilada.htm>. Acesso em: 27 jul. 2022).

[137] "Art. 100. A companhia deve ter, além dos livros obrigatórios para qualquer comerciante, os seguintes, revestidos das mesmas formalidades legais: [...] II — o livro de "Transferência de Ações Nominativas", para lançamento dos termos de transferência, que deverão ser assinados pelo cedente e pelo cessionário ou seus legítimos representantes; [...] § 3º Nas companhias fechadas, os livros referidos nos incisos I, II, III, IV e V do caput deste artigo poderão ser substituídos por registros mecanizados ou eletrônicos, nos termos do regulamento." (BRASIL. Lei n. 6.404, de 15 de dezembro de 1976. Dispõe sobre as Sociedades por Ações. **Palácio do Planalto Presidência da República**, Brasília, DF, 15 dez. 1976. Disponível em: <http://www.planalto.gov.br/ccivil_03/Leis/L6404compilada.htm>. Acesso em: 27 jul. 2022).

[138] "Art. 15. As ações, conforme a natureza dos direitos ou vantagens que confiram a seus titulares, são ordinárias, preferenciais, ou de fruição. § 1º As ações ordinárias e preferenciais poderão ser de uma ou mais classes, observando, no caso das ordinárias, o disposto nos arts. 16, 16-A e 110-A desta Lei. § 2º O número de ações preferenciais sem direito a voto, ou sujeitas a restrição no exercício desse direito, não pode ultrapassar 50% (cinquenta por cento) do total das ações emitidas." (BRASIL. Lei n. 6.404, de 15 de dezembro de 1976. Dispõe sobre as Sociedades por Ações. **Palácio do Planalto Presidência da República**, Brasília, DF, 15 dez. 1976. Disponível em: <http://www.planalto.gov.br/ccivil_03/Leis/L6404compilada.htm>. Acesso em: 27 jul. 2022).

III — na acumulação das preferências e vantagens de que tratam os incisos I e II.
[...][139]

Vale mencionar, as ações preferenciais podem ter ou não direito a voto, enquanto as ações ordinárias têm obrigatoriamente este direito.

É extremamente comum que as sociedades anônimas emitam ações preferenciais sem direito a voto para serem adquiridas por investidores que visam exclusivamente o retorno financeiro, sem ter intenção de participar das deliberações e decisões estratégicas da companhia.

Desta forma, o investidor pode capitalizar a companhia sem tornar-se acionista controlador (o que implicaria na assunção de importantes deveres e responsabilidades)[140-141] e, ainda, tendo as vantagens que as

[139] BRASIL. Lei n. 6.404, de 15 de dezembro de 1976. Dispõe sobre as Sociedades por Ações. **Palácio do Planalto Presidência da República**, Brasília, DF, 15 dez. 1976. Disponível em: <http://www.planalto.gov.br/ccivil_03/Leis/L6404compilada.htm>. Acesso em: 03 jun. 2018.

[140] "Art. 116. Entende-se por acionista controlador a pessoa, natural ou jurídica, ou o grupo de pessoas vinculadas por acordo de voto, ou sob controle comum, que: a) é titular de direitos de sócio que lhe assegurem, de modo permanente, a maioria dos votos nas deliberações da assembleia-geral e o poder de eleger a maioria dos administradores da companhia; e b) usa efetivamente seu poder para dirigir as atividades sociais e orientar o funcionamento dos órgãos da companhia. Parágrafo único. O acionista controlador deve usar o poder com o fim de fazer a companhia realizar o seu objeto e cumprir sua função social, e tem deveres e responsabilidades para com os demais acionistas da empresa, os que nela trabalham e para com a comunidade em que atua, cujos direitos e interesses deve lealmente respeitar e atender." (BRASIL. Lei n. 6.404, de 15 de dezembro de 1976. Dispõe sobre as Sociedades por Ações. **Palácio do Planalto Presidência da República**, Brasília, DF, 15 dez. 1976. Disponível em: <http://www.planalto.gov.br/ccivil_03/Leis/L6404compilada.htm>. Acesso em: 03 jun. 2018).

[141] "Art. 117. O acionista controlador responde pelos danos causados por atos praticados com abuso de poder. § 1º São modalidades de exercício abusivo de poder: a) orientar a companhia para fim estranho ao objeto social ou lesivo ao interesse nacional, ou levá-la a favorecer outra sociedade, brasileira ou estrangeira, em prejuízo da participação dos acionistas minoritários nos lucros ou no acervo da companhia, ou da economia nacional; b) promover a liquidação de companhia próspera, ou a transformação, incorporação, fusão ou cisão da companhia, com o fim de obter, para si ou para outrem, vantagem indevida, em prejuízo dos demais acionistas, dos que trabalham na empresa ou dos investidores em valores mobiliários emitidos pela companhia; c) promover alteração estatutária, emissão de valores mobiliários ou adoção de políticas ou decisões que não tenham por fim o interesse da companhia e visem a causar prejuízo a acionistas minoritários, aos que trabalham na empresa ou

ações preferenciais podem trazer.[142] Por sua vez, o fundador da *startup*

aos investidores em valores mobiliários emitidos pela companhia; d) eleger administrador ou fiscal que sabe inapto, moral ou tecnicamente; e) induzir, ou tentar induzir, administrador ou fiscal a praticar ato ilegal, ou, descumprindo seus deveres definidos nesta Lei e no estatuto, promover, contra o interesse da companhia, sua ratificação pela assembleia-geral; f) contratar com a companhia, diretamente ou através de outrem, ou de sociedade na qual tenha interesse, em condições de favorecimento ou não equitativas; g) aprovar ou fazer aprovar contas irregulares de administradores, por favorecimento pessoal, ou deixar de apurar denúncia que saiba ou devesse saber procedente, ou que justifique fundada suspeita de irregularidade; h) subscrever ações, para os fins do disposto no art. 170, com a realização em bens estranhos ao objeto social da companhia. § 2º No caso da alínea e do § 1º, o administrador ou fiscal que praticar o ato ilegal responde solidariamente com o acionista controlador. § 3º O acionista controlador que exerce cargo de administrador ou fiscal tem também os deveres e responsabilidades próprios do cargo." (BRASIL. Lei n. 6.404, de 15 de dezembro de 1976. Dispõe sobre as Sociedades por Ações. **Palácio do Planalto Presidência da República**, Brasília, DF, 15 dez. 1976. Disponível em: <http://www.planalto.gov.br/ccivil_03/Leis/L6404compilada.htm>. Acesso em: 03 jun. 2018).

142 "Art. 17. As preferências ou vantagens das ações preferenciais podem consistir: I — em prioridade na distribuição de dividendo, fixo ou mínimo; II — em prioridade no reembolso do capital, com prêmio ou sem ele; ou III — na acumulação das preferências e vantagens de que tratam os incisos I e II. § 1º Independentemente do direito de receber ou não o valor de reembolso do capital com prêmio ou sem ele, as ações preferenciais sem direito de voto ou com restrição ao exercício deste direito, somente serão admitidas à negociação no mercado de valores mobiliários se a elas for atribuída pelo menos uma das seguintes preferências ou vantagens: I — direito de participar do dividendo a ser distribuído, correspondente a, pelo menos, 25% (vinte e cinco por cento) do lucro líquido do exercício, calculado na forma do art. 202, de acordo com o seguinte critério: a) prioridade no recebimento dos dividendos mencionados neste inciso correspondente a, no mínimo, 3% (três por cento) do valor do patrimônio líquido da ação; e b) direito de participar dos lucros distribuídos em igualdade de condições com as ordinárias, depois de a estas assegurado dividendo igual ao mínimo prioritário estabelecido em conformidade com a alínea a; ou II — direito ao recebimento de dividendo, por ação preferencial, pelo menos 10% (dez por cento) maior do que o atribuído a cada ação ordinária; ou III — direito de serem incluídas na oferta pública de alienação de controle, nas condições previstas no art. 254-A, assegurado o dividendo pelo menos igual ao das ações ordinárias. § 2º Deverão constar do estatuto, com precisão e minúcia, outras preferências ou vantagens que sejam atribuídas aos acionistas sem direito a voto, ou com voto restrito, além das previstas neste artigo. § 3º Os dividendos, ainda que fixos ou cumulativos, não poderão ser distribuídos em prejuízo do capital social, salvo quando, em caso de liquidação da companhia, essa vantagem tiver sido expressamente assegurada. § 4º Salvo disposição em contrário no estatuto, o dividendo prioritário não é cumulativo, a ação com dividendo fixo não participa dos lucros remanescentes e a ação com dividendo mínimo participa dos lucros distribuídos em igualdade de condições com as ordinárias, depois de a estas assegurado dividendo igual ao mínimo. § 5º Salvo no caso de ações com dividendo fixo, o estatuto não pode excluir ou restringir o direito das ações preferenciais de participar dos aumentos

consegue, com a concessão de ações preferenciais sem direito a voto aos investidores, "mesmo com várias rodadas de investimento, [...] manter uma boa parcela de controle para ditar o rumo da empresa".[143]

Mesmo no caso das ações preferenciais que não possuam direito a voto, é possível prever no estatuto social que elas contenham o direito de eleição, em voto em separado, de um ou mais membros dos órgãos administrativos da companhia.[144]

Ainda em relação à votação, desde agosto de 2021 é possível atribuir voto plural a uma ou mais classes de ações, observados os limites legais.[145-146]

de capital decorrentes da capitalização de reservas ou lucros (art. 169). § 6º O estatuto pode conferir às ações preferenciais com prioridade na distribuição de dividendo cumulativo, o direito de recebê-lo, no exercício em que o lucro for insuficiente, à conta das reservas de capital de que trata o § 1o do art. 182. § 7º Nas companhias objeto de desestatização poderá ser criada ação preferencial de classe especial, de propriedade exclusiva do ente desestatizante, à qual o estatuto social poderá conferir os poderes que especificar, inclusive o poder de veto às deliberações da assembleia-geral nas matérias que especificar." (BRASIL. Lei n. 6.404, de 15 de dezembro de 1976. Dispõe sobre as Sociedades por Ações. **Palácio do Planalto Presidência da República**, Brasília, DF, 15 dez. 1976. Disponível em: <http://www.planalto.gov.br/ccivil_03/Leis/L6404compilada.htm>. Acesso em: 03 jun. 2018).

[143] Júdice, Lucas Pimenta. Qual o melhor instrumento de investimento para você, seja empreendedor ou investidor? In: _______ (coord.). **Direito das startups** — volume II. Curitiba: Juruá, 2017, p. 56.

[144] "Art. 18. O estatuto pode assegurar a uma ou mais classes de ações preferenciais o direito de eleger, em votação em separado, um ou mais membros dos órgãos de administração. [...]" (BRASIL. Lei n. 6.404, de 15 de dezembro de 1976. Dispõe sobre as Sociedades por Ações. **Palácio do Planalto Presidência da República**, Brasília, DF, 15 dez. 1976. Disponível em: <http://www.planalto.gov.br/ccivil_03/Leis/L6404compilada.htm>. Acesso em: 03 jun. 2018).

[145] "Art. 16. Art. 16. As ações ordinárias de companhia fechada poderão ser de classes diversas, em função de: [...] IV — atribuição de voto plural a uma ou mais classes de ações, observados o limite e as condições dispostos no art. 110-A desta Lei. Parágrafo único. A alteração do estatuto na parte em que regula a diversidade de classes, se não for expressamente prevista e regulada, requererá a concordância de todos os titulares das ações atingidas. Art. 16-A. Na companhia aberta, é vedada a manutenção de mais de uma classe de ações ordinárias, ressalvada a adoção do voto plural nos termos e nas condições dispostos no art. 110-A desta Lei." (BRASIL. Lei n. 6.404, de 15 de dezembro de 1976. Dispõe sobre as Sociedades por Ações. **Palácio do Planalto Presidência da República**, Brasília, DF, 15 dez. 1976. Disponível em: <http://www.planalto.gov.br/ccivil_03/Leis/L6404compilada.htm>. Acesso em: 27 jul. 2022).

[146] "Art. 110-A. É admitida a criação de uma ou mais classes de ações ordinárias com atribuição de voto plural, não superior a 10 (dez) votos por ação ordinária: I — na companhia

fechada; e II — na companhia aberta, desde que a criação da classe ocorra previamente à negociação de quaisquer ações ou valores mobiliários conversíveis em ações de sua emissão em mercados organizados de valores mobiliários. § 1º A criação de classe de ações ordinárias com atribuição do voto plural depende do voto favorável de acionistas que representem: I — metade, no mínimo, do total de votos conferidos pelas ações com direito a voto; e II — metade, no mínimo, das ações preferenciais sem direito a voto ou com voto restrito, se emitidas, reunidas em assembleia especial convocada e instalada com as formalidades desta Lei. § 2º Nas deliberações de que trata o § 1º deste artigo, será assegurado aos acionistas dissidentes o direito de se retirarem da companhia mediante reembolso do valor de suas ações nos termos do art. 45 desta Lei, salvo se a criação da classe de ações ordinárias com atribuição de voto plural já estiver prevista ou autorizada pelo estatuto. § 3º O estatuto social da companhia, aberta ou fechada, nos termos dos incisos I e II do caput deste artigo, poderá exigir quórum maior para as deliberações de que trata o § 1º deste artigo. [...] § 6º É facultado aos acionistas estipular no estatuto social o fim da vigência do voto plural condicionado a um evento ou a termo, observado o disposto nos §§ 7º e 8º deste artigo. § 7º O voto plural atribuído às ações ordinárias terá prazo de vigência inicial de até 7 (sete) anos, prorrogável por qualquer prazo, desde que: I — seja observado o disposto nos §§ 1º e 3º deste artigo para a aprovação da prorrogação; II — sejam excluídos das votações os titulares de ações da classe cujo voto plural se pretende prorrogar; e III — seja assegurado aos acionistas dissidentes, nas hipóteses de prorrogação, o direito previsto no § 2º deste artigo. § 8º As ações de classe com voto plural serão automaticamente convertidas em ações ordinárias sem voto plural na hipótese de: I — transferência, a qualquer título, a terceiros, exceto nos casos em que: a) o alienante permanecer indiretamente como único titular de tais ações e no controle dos direitos políticos por elas conferidos; b) o terceiro for titular da mesma classe de ações com voto plural a ele alienadas; ou c) a transferência ocorrer no regime de titularidade fiduciária para fins de constituição do depósito centralizado; ou II — o contrato ou acordo de acionistas, entre titulares de ações com voto plural e acionistas que não sejam titulares de ações com voto plural, dispor sobre exercício conjunto do direito de voto. § 9º Quando a lei expressamente indicar quóruns com base em percentual de ações ou do capital social, sem menção ao número de votos conferidos pelas ações, o cálculo respectivo deverá desconsiderar a pluralidade de voto. [...] § 12. Não será adotado o voto plural nas votações pela assembleia de acionistas que deliberarem sobre: I — a remuneração dos administradores; e II — a celebração de transações com partes relacionadas que atendam aos critérios de relevância a serem definidos pela Comissão de Valores Mobiliários. § 13. O estatuto social deverá estabelecer, além do número de ações de cada espécie e classe em que se divide o capital social, no mínimo: I — o número de votos atribuído por ação de cada classe de ações ordinárias com direito a voto, respeitado o limite de que trata o caput deste artigo; II — o prazo de duração do voto plural, observado o limite previsto no § 7º deste artigo, bem como eventual quórum qualificado para deliberar sobre as prorrogações, nos termos do § 3º deste artigo; e III — se aplicável, outras hipóteses de fim de vigência do voto plural condicionadas a evento ou a termo, além daquelas previstas neste artigo, conforme autorizado pelo § 6º deste artigo. [...]" (BRASIL. Lei n. 6.404, de 15 de dezembro de 1976. Dispõe sobre as Sociedades por Ações. **Palácio do Planalto Presidência da República**, Brasília, DF, 15 dez. 1976.

O capital social das sociedades anônimas pode ser integralizado em dinheiro ou em bens,[147] não havendo determinação legal de um capital social mínimo necessário.[148] Em caso da integralização em bens, será necessária a realização de avaliação por três peritos ou por empresa especializada, seguindo as determinações do artigo 8º da Lei 6.404/76.[149]

Resta, então, tratar dos órgãos que compõem as sociedades anônimas. São quatro órgãos distintos: assembleia geral, conselho de administração, diretoria e conselho fiscal.

Acerca do tema, Modesto Carvalhosa esclarece:

> Na lei interna da companhia também se incluem as regras sobre a administração. A rigidez da lei sobre a matéria não deixa ao estatuto grandes

Disponível em: <http://www.planalto.gov.br/ccivil_03/Leis/L6404compilada.htm>. Acesso em: 27 jul. 2022).

[147] "Art. 7º O capital social poderá ser formado com contribuições em dinheiro ou em qualquer espécie de bens suscetíveis de avaliação em dinheiro." (BRASIL. Lei n. 6.404, de 15 de dezembro de 1976. Dispõe sobre as Sociedades por Ações. **Palácio do Planalto Presidência da República**, Brasília, DF, 15 dez. 1976. Disponível em: <http://www.planalto.gov.br/ccivil_03/Leis/L6404compilada.htm>. Acesso em: 03 jun. 2018).

[148] Conforme: Carvalhosa, Modesto. **Comentários à lei de sociedades anônimas**, 2º volume: artigos 75 a 137. 4 ed. rev. e atual. São Paulo: Saraiva, 2008, p. 113.

[149] Art. 8º A avaliação dos bens será feita por 3 (três) peritos ou por empresa especializada, nomeados em assembleia-geral dos subscritores, convocada pela imprensa e presidida por um dos fundadores, instalando-se em primeira convocação com a presença de subscritores que representem metade, pelo menos, do capital social, e em segunda convocação com qualquer número. § 1º Os peritos ou a empresa avaliadora deverão apresentar laudo fundamentado, com a indicação dos critérios de avaliação e dos elementos de comparação adotados e instruído com os documentos relativos aos bens avaliados, e estarão presentes à assembleia que conhecer do laudo, a fim de prestarem as informações que lhes forem solicitadas. § 2º Se o subscritor aceitar o valor aprovado pela assembleia, os bens incorporar-se-ão ao patrimônio da companhia, competindo aos primeiros diretores cumprir as formalidades necessárias à respectiva transmissão. § 3º Se a assembleia não aprovar a avaliação, ou o subscritor não aceitar a avaliação aprovada, ficará sem efeito o projeto de constituição da companhia. § 4º Os bens não poderão ser incorporados ao patrimônio da companhia por valor acima do que lhes tiver dado o subscritor. § 5º Aplica-se à assembleia referida neste artigo o disposto nos §§ 1º e 2º do artigo 115. § 6º Os avaliadores e o subscritor responderão perante a companhia, os acionistas e terceiros, pelos danos que lhes causarem por culpa ou dolo na avaliação dos bens, sem prejuízo da responsabilidade penal em que tenham incorrido; no caso de bens em condomínio, a responsabilidade dos subscritores é solidária." (BRASIL. Lei n. 6.404, de 15 de dezembro de 1976. Dispõe sobre as Sociedades por Ações. **Palácio do Planalto Presidência da República**, Brasília, DF, 15 dez. 1976. Disponível em: <http://www.planalto.gov.br/ccivil_03/Leis/L6404compilada.htm>. Acesso em: 03 jun. 2018).

> alternativas, cabendo a este tão-somente estabelecer critérios numéricos, quanto aos seus membros, e de especificação de funções, quanto à diretoria. A competência de cada órgão da administração (arts. 138 e s.) e os deveres e responsabilidades dos administradores (arts. 153 e s.) constituem matéria legal, que não poderá ser alterada pelo estatuto. Não obstante, pode o estatuto, facultativamente: estabelecer critérios próprios, quanto à composição da mesa, em assembleia geral (art. 128); exigir ou não caução para a gestão dos administradores (art. 148); e, ainda, instituir órgãos técnicos ou consultivos (art. 160).[150]

A assembleia geral é o órgão principal das companhias, e pode "decidir todos os negócios relativos ao objeto da companhia e tomar as resoluções que julgar convenientes à sua defesa e desenvolvimento".[151]

As matérias que cabem exclusivamente à assembleia geral são, em resumo: (a) alteração do estatuto social; (b) eleição e destituição de membros do conselho de administração e conselho fiscal (e dos membros da diretoria, quando a companhia não possuir conselho de administração); (c) tomada de contas dos administradores e deliberação sobre as demonstrações financeiras; (d) autorização da emissão de debêntures (ressalvadas as exceções legais); (e) suspensão do exercício dos direitos de acionista que descumprir obrigações legais ou estatutárias; (f) deliberação sobre a avaliação de bens para a integralização de ações; (g) autorização de emissão de partes beneficiárias; (h) deliberações sobre reorganizações societárias, dissolução ou liquidação; e (i) autorização para administradores confessarem a falência da sociedade.[152]

[150] CARVALHOSA, Modesto. **Comentários à lei de sociedades anônimas**, 2º volume: artigos 75 a 137. 4 ed. rev. e atual. São Paulo: Saraiva, 2008, p. 113-114.

[151] "Art. 121. A assembleia-geral, convocada e instalada de acordo com a lei e o estatuto, tem poderes para decidir todos os negócios relativos ao objeto da companhia e tomar as resoluções que julgar convenientes à sua defesa e desenvolvimento. [...]" (BRASIL. Lei n. 6.404, de 15 de dezembro de 1976. Dispõe sobre as Sociedades por Ações. **Palácio do Planalto Presidência da República**, Brasília, DF, 15 dez. 1976. Disponível em: <http://www.planalto.gov.br/ccivil_03/Leis/L6404compilada.htm>. Acesso em: 27 jul. 2022).

[152] "Art. 122. Compete privativamente à assembleia geral: I — reformar o estatuto social; II — eleger ou destituir, a qualquer tempo, os administradores e fiscais da companhia, ressalvado o disposto no inciso II do art. 142;III — tomar, anualmente, as contas dos administradores e deliberar sobre as demonstrações financeiras por eles apresentadas; IV — autorizar a emissão de debêntures, ressalvado o disposto nos §§ 1º, 2º e 4º do art. 59;

As assembleias gerais podem ser ordinárias ou extraordinárias. As ordinárias são realizadas nos quatro primeiros meses após o término de cada exercício social e tem como objetivo: (a) tomada das contas dos administradores; (b) deliberação sobre o destino a ser dado ao lucro líquido e a distribuição de dividendos; (c) eleição de administradores e conselheiros fiscais, quando necessário; e (d) aprovação da correção da expressão monetária do capital social.[153] Todos os demais temas devem ser objeto de assembleia extraordinária. É válido mencionar que não há qualquer vedação à realização conjunta de assembleia geral ordinária e extraordinária.

O quórum legal de instalação das assembleias gerais está previsto nos artigos 8º, 125 e 135 da Lei 6.404/76, enquanto o quórum de votação tem previsão nos artigos 129 e 136 da Lei 6.404/76, podendo ser majorado por previsão expressa e específica no estatuto social.[154-155]

V — suspender o exercício dos direitos do acionista (art. 120); VI — deliberar sobre a avaliação de bens com que o acionista concorrer para a formação do capital social; VII — autorizar a emissão de partes beneficiárias; VIII — deliberar sobre transformação, fusão, incorporação e cisão da companhia, sua dissolução e liquidação, eleger e destituir liquidantes e julgar as suas contas; IX — autorizar os administradores a confessar falência e a pedir recuperação judicial; e X — deliberar, quando se tratar de companhias abertas, sobre a celebração de transações com partes relacionadas, a alienação ou a contribuição para outra empresa de ativos, caso o valor da operação corresponda a mais de 50% (cinquenta por cento) do valor dos ativos totais da companhia constantes do último balanço aprovado. Parágrafo único. Em caso de urgência, a confissão de falência ou o pedido de recuperação judicial poderá ser formulado pelos administradores, com a concordância do acionista controlador, se houver, hipótese em que a assembleia geral será convocada imediatamente para deliberar sobre a matéria." (BRASIL. Lei n. 6.404, de 15 de dezembro de 1976. Dispõe sobre as Sociedades por Ações. **Palácio do Planalto Presidência da República**, Brasília, DF, 15 dez. 1976. Disponível em: <http://www.planalto.gov.br/ccivil_03/Leis/L6404compilada.htm>. Acesso em: 27 jul. 2022).

153 "Art. 132. Anualmente, nos 4 (quatro) primeiros meses seguintes ao término do exercício social, deverá haver 1 (uma) assembleia-geral para: I — tomar as contas dos administradores, examinar, discutir e votar as demonstrações financeiras; II — deliberar sobre a destinação do lucro líquido do exercício e a distribuição de dividendos; III — eleger os administradores e os membros do conselho fiscal, quando for o caso; IV — aprovar a correção da expressão monetária do capital social (artigo 167)." (BRASIL. Lei n. 6.404, de 15 de dezembro de 1976. Dispõe sobre as Sociedades por Ações. **Palácio do Planalto Presidência da República**, Brasília, DF, 15 dez. 1976. Disponível em: <http://www.planalto.gov.br/ccivil_03/Leis/L6404compilada.htm>. Acesso em: 03 jun. 2018).

154 "Art. 129. As deliberações da assembleia-geral, ressalvadas as exceções previstas em lei, serão tomadas por maioria absoluta de votos, não se computando os votos em branco. § 1º O estatuto da companhia fechada pode aumentar o quórum exigido para certas deliberações, desde que especifique as matérias. § 2º No caso de empate, se o estatuto não estabelecer

O conselho de administração, por sua vez, é órgão de deliberação colegiada,[156] ao qual compete, entre outras questões, traçar as orien-

procedimento de arbitragem e não contiver norma diversa, a assembleia será convocada, com intervalo mínimo de 2 (dois) meses, para votar a deliberação; se permanecer o empate e os acionistas não concordarem em cometer a decisão a um terceiro, caberá ao Poder Judiciário decidir, no interesse da companhia." (BRASIL. Lei n. 6.404, de 15 de dezembro de 1976. Dispõe sobre as Sociedades por Ações. **Palácio do Planalto Presidência da República**, Brasília, DF, 15 dez. 1976. Disponível em: <http://www.planalto.gov.br/ccivil_03/Leis/L6404compilada.htm>. Acesso em: 03 jun. 2018).

155 "Art. 136. É necessária a aprovação de acionistas que representem metade, no mínimo, do total de votos conferidos pelas ações com direito a voto, se maior quórum não for exigido pelo estatuto da companhia cujas ações não estejam admitidas à negociação em bolsa ou no mercado de balcão, para deliberação sobre: I — criação de ações preferenciais ou aumento de classe de ações preferenciais existentes, sem guardar proporção com as demais classes de ações preferenciais, salvo se já previstos ou autorizados pelo estatuto; II — alteração nas preferências, vantagens e condições de resgate ou amortização de uma ou mais classes de ações preferenciais, ou criação de nova classe mais favorecida; III — redução do dividendo obrigatório; IV — fusão da companhia, ou sua incorporação em outra; V — participação em grupo de sociedades (art. 265); VI — mudança do objeto da companhia; VII — cessação do estado de liquidação da companhia; VIII — criação de partes beneficiárias; IX — cisão da companhia; X — dissolução da companhia. § 1º Nos casos dos incisos I e II, a eficácia da deliberação depende de prévia aprovação ou da ratificação, em prazo improrrogável de um ano, por titulares de mais da metade de cada classe de ações preferenciais prejudicadas, reunidos em assembleia especial convocada pelos administradores e instalada com as formalidades desta Lei. § 2º A Comissão de Valores Mobiliários pode autorizar a redução do quórum previsto neste artigo no caso de companhia aberta com a propriedade das ações dispersa no mercado e cujas 3 (três) últimas assembleias tenham sido realizadas com a presença de acionistas que representem menos da metade do total de votos conferidos pelas ações com direito a voto. § 2º-A Na hipótese do § 2º deste artigo, a autorização da Comissão de Valores Mobiliários será mencionada nos avisos de convocação e a deliberação com quórum reduzido somente poderá ser adotada em terceira convocação. § 3º O disposto nos §§ 2º e 2º-A deste artigo aplica-se também às assembleias especiais de acionistas preferenciais de que trata o § 1º. § 4º Deverá constar da ata da assembleia-geral que deliberar sobre as matérias dos incisos I e II, se não houver prévia aprovação, que a deliberação só terá eficácia após a sua ratificação pela assembleia especial prevista no § 1º." (BRASIL. Lei n. 6.404, de 15 de dezembro de 1976. Dispõe sobre as Sociedades por Ações. **Palácio do Planalto Presidência da República**, Brasília, DF, 15 dez. 1976. Disponível em: <http://www.planalto.gov.br/ccivil_03/Leis/L6404compilada.htm>. Acesso em: 27 jul. 2022).

156 "Art. 138. A administração da companhia competirá, conforme dispuser o estatuto, ao conselho de administração e à diretoria, ou somente à diretoria. § 1º O conselho de administração é órgão de deliberação colegiada, sendo a representação da companhia privativa dos diretores. § 2º As companhias abertas e as de capital autorizado terão, obrigatoriamente, conselho de administração. § 3º É vedada, nas companhias abertas, a acumulação do cargo

tações gerais de negócios da sociedade e eleger, destituir e fiscalizar a atuação dos diretores. As suas atribuições estão pormenorizadas no artigo 142 da Lei 6.404/76.[157]

Somente as companhias abertas e as de capital autorizado são obrigadas a ter um conselho de administração, sendo referido órgão facultativo nas demais sociedades anônimas.[158]

Os membros do conselho de administração são eleitos pela assembleia geral, devendo ser estabelecido no estatuto social a quantidade mínima e máxima de membros (respeitado o limite mínimo de três) e

de presidente do conselho de administração e do cargo de diretor-presidente ou de principal executivo da companhia. § 4º A Comissão de Valores Mobiliários poderá editar ato normativo que excepcione as companhias de menor porte previstas no art. 294-B desta Lei da vedação de que trata o § 3º deste artigo." (BRASIL. Lei n. 6.404, de 15 de dezembro de 1976. Dispõe sobre as Sociedades por Ações. **Palácio do Planalto Presidência da República**, Brasília, DF, 15 dez. 1976. Disponível em: <http://www.planalto.gov.br/ccivil_03/Leis/L6404compilada.htm>. Acesso em: 27 jul. 2022).

[157] "Art. 142. Compete ao conselho de administração: I — fixar a orientação geral dos negócios da companhia; II — eleger e destituir os diretores da companhia e fixar-lhes as atribuições, observado o que a respeito dispuser o estatuto; III — fiscalizar a gestão dos diretores, examinar, a qualquer tempo, os livros e papéis da companhia, solicitar informações sobre contratos celebrados ou em via de celebração, e quaisquer outros atos; IV — convocar a assembleia-geral quando julgar conveniente, ou no caso do artigo 132; V — manifestar-se sobre o relatório da administração e as contas da diretoria; VI — manifestar-se previamente sobre atos ou contratos, quando o estatuto assim o exigir; VII — deliberar, quando autorizado pelo estatuto, sobre a emissão de ações ou de bônus de subscrição; VIII — autorizar, se o estatuto não dispuser em contrário, a alienação de bens do ativo não circulante, a constituição de ônus reais e a prestação de garantias a obrigações de terceiros; IX — escolher e destituir os auditores independentes, se houver. § 1º Serão arquivadas no registro do comércio e publicadas as atas das reuniões do conselho de administração que contiverem deliberação destinada a produzir efeitos perante terceiros. § 2º A escolha e a destituição do auditor independente ficará sujeita a veto, devidamente fundamentado, dos conselheiros eleitos na forma do art. 141, § 4º, se houver." (BRASIL. Lei n. 6.404, de 15 de dezembro de 1976. Dispõe sobre as Sociedades por Ações. **Palácio do Planalto Presidência da República**, Brasília, DF, 15 dez. 1976. Disponível em: <http://www.planalto.gov.br/ccivil_03/Leis/L6404compilada.htm>. Acesso em: 03 jun. 2018).

[158] "Art. 138. A administração da companhia competirá, conforme dispuser o estatuto, ao conselho de administração e à diretoria, ou somente à diretoria. [...] § 2º As companhias abertas e as de capital autorizado terão, obrigatoriamente, conselho de administração." (BRASIL. Lei n. 6.404, de 15 de dezembro de 1976. Dispõe sobre as Sociedades por Ações. **Palácio do Planalto Presidência da República**, Brasília, DF, 15 dez. 1976. Disponível em: <http://www.planalto.gov.br/ccivil_03/Leis/L6404compilada.htm>. Acesso em: 03 jun. 2018).

o prazo de gestão (não superior a três anos), além de outras questões estabelecidas no artigo 140 da Lei 6.404/76.[159]

A diretoria, por seu turno, é o órgão executivo das companhias. Ela é composta por um ou mais diretores, eleitos pelo conselho de administração ou, nas sociedades que não possuem conselho administrativo, pela assembleia geral. Deve ser previsto no estatuto social o número de diretores, o seu prazo de gestão e as atribuições e poderes de cada um.[160] Caso não haja atribuições específicas para cada diretor, a todos caberá "a representação da companhia e a prática dos atos necessários ao seu funcionamento regular".[161]

[159] "Art. 140. O conselho de administração será composto por, no mínimo, 3 (três) membros, eleitos pela assembleia-geral e por ela destituíveis a qualquer tempo, devendo o estatuto estabelecer: I — o número de conselheiros, ou o máximo e mínimo permitidos, e o processo de escolha e substituição do presidente do conselho pela assembleia ou pelo próprio conselho; II — o modo de substituição dos conselheiros; III — o prazo de gestão, que não poderá ser superior a 3 (três) anos, permitida a reeleição; IV — as normas sobre convocação, instalação e funcionamento do conselho, que deliberará por maioria de votos, podendo o estatuto estabelecer quórum qualificado para certas deliberações, desde que especifique as matérias. § 1º. O estatuto poderá prever a participação no conselho de representantes dos empregados, escolhidos pelo voto destes, em eleição direta, organizada pela empresa, em conjunto com as entidades sindicais que os representam. § 2º Na composição do conselho de administração das companhias abertas, é obrigatória a participação de conselheiros independentes, nos termos e nos prazos definidos pela Comissão de Valores Mobiliários." (BRASIL. Lei n. 6.404, de 15 de dezembro de 1976. Dispõe sobre as Sociedades por Ações. **Palácio do Planalto Presidência da República**, Brasília, DF, 15 dez. 1976. Disponível em: <http://www.planalto.gov.br/ccivil_03/Leis/L6404compilada.htm>. Acesso em: 27 jul. 2022).

[160] "Art. 143. A Diretoria será composta por 1 (um) ou mais membros eleitos e destituíveis a qualquer tempo pelo conselho de administração ou, se inexistente, pela assembleia geral, e o estatuto estabelecerá: I — o número de diretores, ou o máximo e o mínimo permitidos; II — o modo de sua substituição; III — o prazo de gestão, que não será superior a 3 (três) anos, permitida a reeleição; IV — as atribuições e poderes de cada diretor. § 1º Os membros do conselho de administração, até o máximo de 1/3 (um terço), poderão ser eleitos para cargos de diretores. § 2º O estatuto pode estabelecer que determinadas decisões, de competência dos diretores, sejam tomadas em reunião da diretoria." (BRASIL. Lei n. 6.404, de 15 de dezembro de 1976. Dispõe sobre as Sociedades por Ações. **Palácio do Planalto Presidência da República**, Brasília, DF, 15 dez. 1976. Disponível em: <http://www.planalto.gov.br/ccivil_03/Leis/L6404compilada.htm>. Acesso em: 27 jul. 2022).

[161] "Art. 144. No silêncio do estatuto e inexistindo deliberação do conselho de administração (artigo 142, n. II e parágrafo único), competirão a qualquer diretor a representação da companhia e a prática dos atos necessários ao seu funcionamento regular. Parágrafo único. Nos limites de suas atribuições e poderes, é lícito aos diretores constituir mandatários da companhia, devendo ser especificados no instrumento os atos ou operações que poderão

O conselho fiscal, por fim, é órgão independente, que deve possuir ao menos três e no máximo cinco membros (e respectivos suplentes), os quais são eleitos pela assembleia geral. Trata-se de órgão obrigatório nas companhias, mas que pode ser de funcionamento permanente ou não.[162] Tem função fiscalizatória dos atos administrativos e suas atribuições estão previstas no artigo 163 da Lei 6.404/76.[163]

praticar e a duração do mandato, que, no caso de mandato judicial, poderá ser por prazo indeterminado." (BRASIL. Lei n. 6.404, de 15 de dezembro de 1976. Dispõe sobre as Sociedades por Ações. **Palácio do Planalto Presidência da República**, Brasília, DF, 15 dez. 1976. Disponível em: <http://www.planalto.gov.br/ccivil_03/Leis/L6404compilada.htm>. Acesso em: 03 jun. 2018).

162 "Art. 161. A companhia terá um conselho fiscal e o estatuto disporá sobre seu funcionamento, de modo permanente ou nos exercícios sociais em que for instalado a pedido de acionistas. § 1º O conselho fiscal será composto de, no mínimo, 3 (três) e, no máximo, 5 (cinco) membros, e suplentes em igual número, acionistas ou não, eleitos pela assembleia-geral. § 2º O conselho fiscal, quando o funcionamento não for permanente, será instalado pela assembleia-geral a pedido de acionistas que representem, no mínimo, 0,1 (um décimo) das ações com direito a voto, ou 5% (cinco por cento) das ações sem direito a voto, e cada período de seu funcionamento terminará na primeira assembleia-geral ordinária após a sua instalação. § 3º O pedido de funcionamento do conselho fiscal, ainda que a matéria não conste do anúncio de convocação, poderá ser formulado em qualquer assembleia-geral, que elegerá os seus membros. § 4º Na constituição do conselho fiscal serão observadas as seguintes normas: a) os titulares de ações preferenciais sem direito a voto, ou com voto restrito, terão direito de eleger, em votação em separado, 1 (um) membro e respectivo suplente; igual direito terão os acionistas minoritários, desde que representem, em conjunto, 10% (dez por cento) ou mais das ações com direito a voto; b) ressalvado o disposto na alínea anterior, os demais acionistas com direito a voto poderão eleger os membros efetivos e suplentes que, em qualquer caso, serão em número igual ao dos eleitos nos termos da alínea a, mais um. § 5º Os membros do conselho fiscal e seus suplentes exercerão seus cargos até a primeira assembleia-geral ordinária que se realizar após a sua eleição, e poderão ser reeleitos. § 6º Os membros do conselho fiscal e seus suplentes exercerão seus cargos até a primeira assembleia-geral ordinária que se realizar após a sua eleição, e poderão ser reeleitos. § 7º A função de membro do conselho fiscal é indelegável." (BRASIL. Lei n. 6.404, de 15 de dezembro de 1976. Dispõe sobre as Sociedades por Ações. **Palácio do Planalto Presidência da República**, Brasília, DF, 15 dez. 1976. Disponível em: <http://www.planalto.gov.br/ccivil_03/Leis/L6404compilada.htm>. Acesso em: 03 jun. 2018).

163 "Art. 163. Compete ao conselho fiscal: I — fiscalizar, por qualquer de seus membros, os atos dos administradores e verificar o cumprimento dos seus deveres legais e estatutários; II — opinar sobre o relatório anual da administração, fazendo constar do seu parecer as informações complementares que julgar necessárias ou úteis à deliberação da assembleia-geral; III — opinar sobre as propostas dos órgãos da administração, a serem submetidas à assembleia-geral, relativas a modificação do capital social, emissão de debêntures ou bônus de subscrição, planos de investimento ou orçamentos de capital, distribuição de dividendos,

Oportuno, ainda, mencionar, que nas sociedades anônimas deve-se observar a obrigatoriedade de elaboração de balanço patrimonial conforme determinado no artigo 178 e seguintes da Lei 6.404/76, de demonstração de lucros ou prejuízos acumulados seguindo o previsto no

transformação, incorporação, fusão ou cisão; IV — denunciar, por qualquer de seus membros, aos órgãos de administração e, se estes não tomarem as providências necessárias para a proteção dos interesses da companhia, à assembleia-geral, os erros, fraudes ou crimes que descobrirem, e sugerir providências úteis à companhia; V — convocar a assembleia-geral ordinária, se os órgãos da administração retardarem por mais de 1 (um) mês essa convocação, e a extraordinária, sempre que ocorrerem motivos graves ou urgentes, incluindo na agenda das assembleias as matérias que considerarem necessárias; VI — analisar, ao menos trimestralmente, o balancete e demais demonstrações financeiras elaboradas periodicamente pela companhia; VII — examinar as demonstrações financeiras do exercício social e sobre elas opinar; VIII — exercer essas atribuições, durante a liquidação, tendo em vista as disposições especiais que a regulam. § 1º Os órgãos de administração são obrigados, através de comunicação por escrito, a colocar à disposição dos membros em exercício do conselho fiscal, dentro de 10 (dez) dias, cópias das atas de suas reuniões e, dentro de 15 (quinze) dias do seu recebimento, cópias dos balancetes e demais demonstrações financeiras elaboradas periodicamente e, quando houver, dos relatórios de execução de orçamentos. § 2º O conselho fiscal, a pedido de qualquer dos seus membros, solicitará aos órgãos de administração esclarecimentos ou informações, desde que relativas à sua função fiscalizadora, assim como a elaboração de demonstrações financeiras ou contábeis especiais. § 3º Os membros do conselho fiscal assistirão às reuniões do conselho de administração, se houver, ou da diretoria, em que se deliberar sobre os assuntos em que devam opinar (ns. II, III e VII). § 4º Se a companhia tiver auditores independentes, o conselho fiscal, a pedido de qualquer de seus membros, poderá solicitar-lhes esclarecimentos ou informações, e a apuração de fatos específicos. § 5º Se a companhia não tiver auditores independentes, o conselho fiscal poderá, para melhor desempenho das suas funções, escolher contador ou firma de auditoria e fixar-lhes os honorários, dentro de níveis razoáveis, vigentes na praça e compatíveis com a dimensão econômica da companhia, os quais serão pagos por esta. § 6º O conselho fiscal deverá fornecer ao acionista, ou grupo de acionistas que representem, no mínimo 5% (cinco por cento) do capital social, sempre que solicitadas, informações sobre matérias de sua competência. § 7º As atribuições e poderes conferidos pela lei ao conselho fiscal não podem ser outorgados a outro órgão da companhia. § 8º O conselho fiscal poderá, para apurar fato cujo esclarecimento seja necessário ao desempenho de suas funções, formular, com justificativa, questões a serem respondidas por perito e solicitar à diretoria que indique, para esse fim, no prazo máximo de trinta dias, três peritos, que podem ser pessoas físicas ou jurídicas, de notório conhecimento na área em questão, entre os quais o conselho fiscal escolherá um, cujos honorários serão pagos pela companhia." (BRASIL. Lei n. 6.404, de 15 de dezembro de 1976. Dispõe sobre as Sociedades por Ações. **Palácio do Planalto Presidência da República**, Brasília, DF, 15 dez. 1976. Disponível em: <http://www.planalto.gov.br/ccivil_03/Leis/L6404compilada.htm>. Acesso em: 03 jun. 2018).

artigo 186 da mesma lei, e de demonstração do resultado do exercício, de acordo com o estabelecido no artigo 187 de referida lei.[164]

3.2.2 *Razões para a sua utilização*

A principal vantagem para a utilização das sociedades anônimas pelas *startups* é a blindagem patrimonial existente. Embora as sociedades limitadas também possuam a limitação da responsabilidade de seus sócios, nas companhias essa limitação é ainda maior, visto que o acionista é exclusivamente responsável pelo preço de emissão das ações que subscreveu ou adquiriu,[165] não respondendo solidariamente pela integralização do capital social.

Dessa forma, no caso de recebimento de investimento por meio de aumento de capital, não há o risco de os demais acionistas terem de responder solidariamente pela eventual não integralização por parte do investidor. Nessa hipótese, os demais acionistas podem simplesmente optar por cancelar as ações que não tiverem sido integralizadas.[166]

Ademais, a aplicação da desconsideração da personalidade jurídica (já abordada na subseção 3.1.3) ocorre de forma bem mais comedida nas sociedades anônimas. Por óbvio que, se a companhia estiver sendo utilizada de forma a fraudar seus credores ou restarem caracterizados os requisitos necessários para que ocorra a desconsideração da personalidade jurídica, não haverá como impedi-la. Entretanto, frise-se, nas sociedades anônimas que estiverem exercendo suas atividades regularmente, esse risco é consideravelmente inferior ao existente nas sociedades limitadas.[167]

[164] BRASIL. Lei n. 6.404, de 15 de dezembro de 1976. Dispõe sobre as Sociedades por Ações. **Palácio do Planalto Presidência da República**, Brasília, DF, 15 dez. 1976. Disponível em: <http://www.planalto.gov.br/ccivil_03/Leis/L6404compilada.htm>. Acesso em: 03 jun. 2018.

[165] "Art. 1º A companhia ou sociedade anônima terá o capital dividido em ações, e a responsabilidade dos sócios ou acionistas será limitada ao preço de emissão das ações subscritas ou adquiridas." (BRASIL. Lei n. 6.404, de 15 de dezembro de 1976. Dispõe sobre as Sociedades por Ações. **Palácio do Planalto Presidência da República**, Brasília, DF, 15 dez. 1976. Disponível em: <http://www.planalto.gov.br/ccivil_03/Leis/L6404compilada.htm>. Acesso em: 03 jun. 2018).

[166] Conforme: WITTE, Natalie Carvalho. Desmitificando a sociedade anônima. In: JÚDICE, Lucas Pimenta (coord.). **Direito das startups** — volume II. Curitiba: Juruá, 2017, p. 74-75.

[167] Conforme: SALOMÃO FILHO, Calixto. **O novo direito societário**. 4.ed. São Paulo: Malheiros, 2011, p. 257.

Pode-se destacar, ainda, a maior facilidade para a alienação de ações nas sociedades anônimas em relação à alienação de quotas nas sociedades limitadas, visto que no estatuto social não pode ter previsão que impeça a negociação de ações com não-acionistas (embora possa ser prevista limitação à circulação de ações em acordo de acionistas).[168]

Um último benefício está no fato de que a cessão de ações não depende de alteração do estatuto social ou do seu registro na Junta Comercial para ser formalizado, bastante para tanto que sejam realizas as devidas anotações nos livros de registro de ações nominativas e de transferência de ações da companhia, como já afirmado anteriormente, o que traz uma maior celeridade para a mudança de titularidade das ações e reduz trâmites burocráticos.

3.2.3 *Principais pontos de atenção*

As *startups* estruturadas na forma de sociedades anônimas, por expressa previsão legal, não podem optar pelo regime tributário do Simples Nacional, o qual é amplamente utilizado por *startups*, principalmente em suas fases mais iniciais, e que pode trazer grandes benefícios econômicos na forma de redução de tributos.[169]

De igual maneira é válido citar que a manutenção de uma sociedade anônima demanda uma dedicação maior de tempo (e, muitas vezes,

[168] Conforme: WITTE, Natalie Carvalho. Desmitificando a sociedade anônima. In: JÚDICE, Lucas Pimenta (coord.). **Direito das startups** — volume II. Curitiba: Juruá, 2017, p. 88.

[169] "Art. 3º Para os efeitos desta Lei Complementar, consideram-se microempresas ou empresas de pequeno porte, a sociedade empresária, a sociedade simples, a empresa individual de responsabilidade limitada e o empresário a que se refere o art. 966 da Lei no 10.406, de 10 de janeiro de 2002 (Código Civil), devidamente registrados no Registro de Empresas Mercantis ou no Registro Civil de Pessoas Jurídicas, conforme o caso, desde que: [...] § 4º Não poderá se beneficiar do tratamento jurídico diferenciado previsto nesta Lei Complementar, incluído o regime de que trata o art. 12 desta Lei Complementar, para nenhum efeito legal, a pessoa jurídica: [...] X — constituída sob a forma de sociedade por ações; [...]" (BRASIL. Lei Complementar n. 123, de 14 de dezembro de 2006. Institui o Estatuto Nacional da Microempresa e da Empresa de Pequeno Porte; altera dispositivos das Leis no 8.212 e 8.213, ambas de 24 de julho de 1991, da Consolidação das Leis do Trabalho — CLT, aprovada pelo Decreto-Lei no 5.452, de 1o de maio de 1943, da Lei no 10.189, de 14 de fevereiro de 2001, da Lei Complementar no 63, de 11 de janeiro de 1990; e revoga as Leis no 9.317, de 5 de dezembro de 1996, e 9.841, de 5 de outubro de 1999. **Palácio do Planalto Presidência da República**, Brasília, DF, 14 dez. 2006. Disponível em: <http://www.planalto.gov.br/ccivil_03/Leis/lcp/lcp123.htm>. Acesso em: 03 jun. 2018).

um investimento em uma contabilidade mais especializada) para cumprimento de certas exigências que não existem na sociedade limitada, como a elaboração de balanço patrimonial, demonstração de lucros ou prejuízos acumulados e demonstração do resultado do exercício, já acima mencionados.

Há também que atentar-se para os gastos inerentes às companhias advindos do atendimento das regras de publicações de convocações assembleares, bem como de documentos como relatórios da administração sobre os negócios sociais e cópias das demonstrações financeiras, entre outros,[170-171] as quais, entretanto, podem em certos casos ser substituídas por formas menos custosas e mais simples.[172]

[170] "Art. 124. A convocação far-se-á mediante anúncio publicado por 3 (três) vezes, no mínimo, contendo, além do local, data e hora da assembleia, a ordem do dia, e, no caso de reforma do estatuto, a indicação da matéria. § 1º A primeira convocação da assembleia-geral deverá ser feita: I — na companhia fechada, com 8 (oito) dias de antecedência, no mínimo, contado o prazo da publicação do primeiro anúncio; não se realizando a assembleia, será publicado novo anúncio, de segunda convocação, com antecedência mínima de 5 (cinco) dias; II — na companhia aberta, com 21 (vinte e um) dias de antecedência, e a segunda convocação com 8 (oito) dias de antecedência. § 2º A assembleia geral deverá ser realizada, preferencialmente, no edifício onde a companhia tiver sede ou, por motivo de força maior, em outro lugar, desde que seja no mesmo Município da sede e seja indicado com clareza nos anúncios. § 2º-A. Sem prejuízo do disposto no § 2º deste artigo, as companhias, abertas e fechadas, poderão realizar assembleia digital, nos termos do regulamento da Comissão de Valores Mobiliários e do órgão competente do Poder Executivo federal, respectivamente. § 3º Nas companhias fechadas, o acionista que representar 5% (cinco por cento), ou mais, do capital social, será convocado por telegrama ou carta registrada, expedidos com a antecedência prevista no § 1º, desde que o tenha solicitado, por escrito, à companhia, com a indicação do endereço completo e do prazo de vigência do pedido, não superior a 2 (dois) exercícios sociais, e renovável; essa convocação não dispensa a publicação do aviso previsto no § 1º, e sua inobservância dará ao acionista direito de haver, dos administradores da companhia, indenização pelos prejuízos sofridos. § 4º Independentemente das formalidades previstas neste artigo, será considerada regular a assembleia-geral a que comparecerem todos os acionistas. [...] § 6º As companhias abertas com ações admitidas à negociação em bolsa de valores deverão remeter, na data da publicação do anúncio de convocação da assembleia, à bolsa de valores em que suas ações forem mais negociadas, os documentos postos à disposição dos acionistas para deliberação na assembleia-geral." (BRASIL. Lei n. 6.404, de 15 de dezembro de 1976. Dispõe sobre as Sociedades por Ações. **Palácio do Planalto Presidência da República**, Brasília, DF, 15 dez. 1976. Disponível em: <http://www.planalto.gov.br/ccivil_03/Leis/L6404compilada.htm>. Acesso em: 27 jul. 2022).

[171] "Art. 133. Os administradores devem comunicar, até 1 (um) mês antes da data marcada para a realização da assembleia-geral ordinária, por anúncios publicados na forma prevista

3.3 Sociedade em conta de participação

Antes de abordar as principais características da sociedade em conta de participação, é importante tratar de um tema espinhoso, para justificar a razão deste tipo societário estar alocado nesta seção 3, que trata das estruturas societárias, e não na seção 4, que trata das estruturas de investimento.

no artigo 124, que se acham à disposição dos acionistas: I — o relatório da administração sobre os negócios sociais e os principais fatos administrativos do exercício findo; II — a cópia das demonstrações financeiras; III — o parecer dos auditores independentes, se houver; IV — o parecer do conselho fiscal, inclusive votos dissidentes, se houver; e V — demais documentos pertinentes a assuntos incluídos na ordem do dia. § 1º Os anúncios indicarão o local ou locais onde os acionistas poderão obter cópias desses documentos. § 2º A companhia remeterá cópia desses documentos aos acionistas que o pedirem por escrito, nas condições previstas no § 3º do artigo 124. § 3º Os documentos referidos neste artigo, à exceção dos constantes dos incisos IV e V, serão publicados até 5 (cinco) dias, pelo menos, antes da data marcada para a realização da assembleia-geral. § 4º A assembleia-geral que reunir a totalidade dos acionistas poderá considerar sanada a falta de publicação dos anúncios ou a inobservância dos prazos referidos neste artigo; mas é obrigatória a publicação dos documentos antes da realização da assembleia. § 5º A publicação dos anúncios é dispensada quando os documentos a que se refere este artigo são publicados até 1 (um) mês antes da data marcada para a realização da assembleia-geral ordinária." (BRASIL. Lei n. 6.404, de 15 de dezembro de 1976. Dispõe sobre as Sociedades por Ações. **Palácio do Planalto Presidência da República**, Brasília, DF, 15 dez. 1976. Disponível em: <http://www.planalto.gov.br/ccivil_03/Leis/L6404compilada.htm>. Acesso em: 03 jun. 2018).

[172] "Art. 294. A companhia fechada que tiver receita bruta anual de até R$ 78.000.000,00 (setenta e oito milhões de reais), poderá: I — (revogado); II — (revogado); III — realizar as publicações ordenadas por esta Lei de forma eletrônica, em exceção ao disposto no art. 289 desta Lei; e IV — substituir os livros de que trata o art. 100 desta Lei por registros mecanizados ou eletrônicos. § 1º A companhia deverá guardar os recibos de entrega dos anúncios de convocação e arquivar no registro de comércio, juntamente com a ata da assembleia, cópia autenticada dos mesmos. § 2º Nas companhias de que trata este artigo, o pagamento da participação dos administradores poderá ser feito sem observância do disposto no § 2º do artigo 152, desde que aprovada pela unanimidade dos acionistas. § 3º O disposto neste artigo não se aplica à companhia controladora de grupo de sociedade, ou a ela filiadas. § 4º Na hipótese de omissão do estatuto quanto à distribuição de dividendos, estes serão estabelecidos livremente pela assembleia geral, hipótese em que não se aplicará o disposto no art. 202 desta Lei, desde que não seja prejudicado o direito dos acionistas preferenciais de receber os dividendos fixos ou mínimos a que tenham prioridade. § 5º Ato do Ministro de Estado da Economia disciplinará o disposto neste artigo." (BRASIL. Lei n. 6.404, de 15 de dezembro de 1976. Dispõe sobre as Sociedades por Ações. **Palácio do Planalto Presidência da República**, Brasília, DF, 15 dez. 1976. Disponível em: <http://www.planalto.gov.br/ccivil_03/Leis/L6404compilada.htm>. Acesso em: 27 jul. 2022).

Parte dos juristas entende que a sociedade em conta de participação não é verdadeiramente uma sociedade, mas sim tão e exclusivamente um contrato, por não possuir elementos que, no ponto de vista desses juristas, seriam essenciais às sociedades. Nesse sentido é o entendimento de José Edwaldo Tavares Borba,[173] que o justifica pelo argumento de que referido tipo societário não possui patrimônio próprio e personalidade jurídica.

Não há dúvidas de que a sociedade em conta de participação realmente não possui patrimônio próprio (e sim um patrimônio especial, como será abordado mais adiante) nem personalidade jurídica, conforme a própria legislação expressamente prevê.[174-175] Entretanto, o que é possível defender é que referidas características não são essenciais para caracterizar uma sociedade.

Conforme estabelecido no artigo 981 do Código Civil, "celebram contrato de sociedade as pessoas que reciprocamente se obrigam a contribuir, com bens ou serviços, para o exercício de atividade econômica e a partilha, entre si, dos resultados".[176]

[173] Conforme: Borba, José Edwaldo Tavares. **Direito societário.** 13.ed. rev. e atual. Rio de Janeiro: Renovar, 2012, p. 113.

[174] "Art. 993. O contrato social produz efeito somente entre os sócios, e a eventual inscrição de seu instrumento em qualquer registro não confere personalidade jurídica à sociedade. Parágrafo único. Sem prejuízo do direito de fiscalizar a gestão dos negócios sociais, o sócio participante não pode tomar parte nas relações do sócio ostensivo com terceiros, sob pena de responder solidariamente com este pelas obrigações em que intervier." (BRASIL. Lei n. 10.406, de 10 de janeiro de 2002. Institui o Código Civil. **Palácio do Planalto Presidência da República**, Brasília, DF, 10 jan. 2002. Disponível em: <http://www.planalto.gov.br/CCivil_03/Leis/2002/L10406compilada.htm>. Acesso em: 03 jun. 2018).

[175] "Art. 994. A contribuição do sócio participante constitui, com a do sócio ostensivo, patrimônio especial, objeto da conta de participação relativa aos negócios sociais. § 1º A especialização patrimonial somente produz efeitos em relação aos sócios. § 2º A falência do sócio ostensivo acarreta a dissolução da sociedade e a liquidação da respectiva conta, cujo saldo constituirá crédito quirografário. § 3º Falindo o sócio participante, o contrato social fica sujeito às normas que regulam os efeitos da falência nos contratos bilaterais do falido." (BRASIL. Lei n. 10.406, de 10 de janeiro de 2002. Institui o Código Civil. **Palácio do Planalto Presidência da República**, Brasília, DF, 10 jan. 2002. Disponível em: <http://www.planalto.gov.br/CCivil_03/Leis/2002/L10406compilada.htm>. Acesso em: 03 jun. 2018).

[176] BRASIL. Lei n. 10.406, de 10 de janeiro de 2002. Institui o Código Civil. **Palácio do Planalto Presidência da República**, Brasília, DF, 10 jan. 2002. Disponível em: <http://www.planalto.gov.br/CCivil_03/Leis/2002/L10406compilada.htm>. Acesso em: 03 jun. 2018.

Vê-se que, no Código Civil, não são estabelecidos como requisitos necessários ao contrato de sociedade a existência de personalidade jurídica e de patrimônio próprio. Inclusive, tanto a personalidade jurídica não é um requisito essencial que o legislador optou por prever, dentro do título que é dedicado às sociedades,[177] um subtítulo específico para tratar das sociedades não personificadas (Subtítulo I), no qual foram abordadas a sociedade em comum e a sociedade em conta de participação.

Acerca dos elementos essenciais do contrato de sociedade, vale citar o entendimento de Rogerio Ramires:

> Podemos condensar tais requisitos [essenciais aos negócios jurídicos e contratos, somados aos específicos dos contratos de sociedade] nos seguintes itens: (i) pluralidade de sócios, (ii) capacidade e legitimidade dos sócios, (iii) de *intuitu personae, intuitu rei* ou mista, (iv) contribuição de recursos (bens ou serviços), (v) exercício de atividade econômica com finalidade lucrativa e dever de partilha, (vi) independentemente de criação de novo ente personalizado.[178]

O mesmo autor traz argumento pertinente de autoria de Flávio Augusto Picchi:

> [...] Sociedade não se confunde com personalidade jurídica nem com externalização, inexistente na SCP [sociedade em conta de participação]; nesta, há, como em qualquer outra, fundos sociais; ocorre a intenção da partilha de resultados como finalidade, ainda que possa ocorrer a assunção de prejuízos, em face do risco inerente à atividade empresarial; e a formação de um objetivo comum, bem como a assunção compartilhada de risco, definem a *affectio societatis*, o nexo social, afastando a confusão conceitual entre sociedade e comunhão.[179]

[177] Cf. Código Civil, Parte Especial, Livro II — Do Direito de Empresa, Título II — Da Sociedade (BRASIL. Lei n. 10.406, de 10 de janeiro de 2002. Institui o Código Civil. **Palácio do Planalto Presidência da República**, Brasília, DF, 10 jan. 2002. Disponível em: <http://www.planalto.gov.br/CCivil_03/Leis/2002/L10406compilada.htm>. Acesso em: 03 jun. 2018).

[178] Ramires, Rogerio. **A sociedade em conta de participação no direito brasileiro**. São Paulo: Almedina, 2011, p. 29.

[179] Picchi, Flávio Augusto. A sociedade em conta de participação e os contratos de investimento coletivo: paralelismo e assimetria. in Revista de Direito Mercantil, Industrial, Eco-

É possível, assim, concluir que o fato de a sociedade em conta de participação não possuir elementos que são intrínsecos às sociedades personalizadas não é suficiente para descaracterizá-la como sociedade. Em que pese não seja uma sociedade personalizada, a sociedade em conta de participação não deixa de ser um tipo societário, previsto no Código Civil entre as sociedades não personificadas.[180-181]

Pelas razões acima dispostas é que foi feita a opção por tratar da sociedade em conta de participação nesta seção, junto com as demais sociedades.

Feita essa explicação, passa-se a tratar das características mais relevantes das sociedades em conta de participação.

3.3.1 *Principais características*

A sociedade em conta de participação é regida pelos artigos 991 a 996 do Código Civil,[182] sendo a ela aplicável também, de forma subsidiária e tão somente no que for compatível, as normas relativas às sociedades simples[183] (artigos 997 a 1.038 da mesma lei).

nômico e Financeiro, v. 43, n. 134, abr./jun. 2004, p. 195-196 apud Ramires, Rogerio. **A sociedade em conta de participação no direito brasileiro**. São Paulo: Almedina, 2011, p. 73.

180 Conforme: Ramires, Rogerio. **A sociedade em conta de participação no direito brasileiro**. São Paulo: Almedina, 2011, p. 80.

181 Válido mencionar que no mesmo sentido é o entendimento de Pontes de Miranda: "A sociedade em conta de participação é sociedade, existe no mundo jurídico como sociedade, a despeito de ficar, eficacialmente, oculta. Não é sociedade de fato. Nem sociedade irregular. Se não foi registrada, com isso não ocorreu irregularidade. A lei dispensa-a disso. Existe, juridicamente, porque a lei a admitiu, excepcionalmente, sem satisfação das formalidades que são pressupostos necessários das outras sociedades. Sociedades de fato supõem a não-entrada, no mundo jurídico, como sociedade. A sociedade em conta de participação é sociedade: tem toda a juridicidade." (Miranda, Pontes de. Tratado de Direito Privado. t. XLIX. São Paulo: Revista dos Tribunais, 2012, p. 390 apud Eizerik, Nelson. **Direito Societário** — Estudos e Pareceres. São Paulo: Quartier Latin, 2015, p.748)

182 BRASIL. Lei n. 10.406, de 10 de janeiro de 2002. Institui o Código Civil. **Palácio do Planalto Presidência da República**, Brasília, DF, 10 jan. 2002. Disponível em: <http://www.planalto.gov.br/CCivil_03/Leis/2002/L10406compilada.htm>. Acesso em: 03 jun. 2018.

183 "Art. 996. Aplica-se à sociedade em conta de participação, subsidiariamente e no que com ela for compatível, o disposto para a sociedade simples, e a sua liquidação rege-se pelas normas relativas à prestação de contas, na forma da lei processual." (BRASIL. Lei n. 10.406, de 10 de janeiro de 2002. Institui o Código Civil. **Palácio do Planalto Presidência da República**, Brasília, DF, 10 jan. 2002. Disponível em: <http://www.planalto.gov.br/CCivil_03/Leis/2002/L10406compilada.htm>. Acesso em: 03 jun. 2018).

A sociedade em conta de participação, como já dito, é uma sociedade não personificada (ou seja, ela não possui personalidade jurídica).[184] Como consequência, esse tipo de sociedade "não consegue assumir obrigações e direitos em nome próprio. [...] não há um nome (*fantasia ou razão social*) próprio da sociedade, não há endereço ou sede social, não pode responder processo judicial, não pode ter conta bancária, dentre outros".[185]

A constituição da sociedade em conta de participação independe de registro e até mesmo de contrato escrito, podendo ser provada a sua existência por qualquer meio de prova em direito admitido.[186]

A desnecessidade de contrato escrito não quer dizer que ele não seja importante. É extremamente recomendada a elaboração de um contrato social, não apenas como forma de provar a existência da sociedade em conta de participação, mas principalmente para que sejam estabelecidas as regras entre os sócios, os direitos e deveres de cada um, inclusive em caso de dissolução da sociedade.[187]

Embora independa de registro, a sociedade em conta de participação necessariamente deve ser inscrita no Cadastro Nacional de Pessoas Jurídicas (CNPJ), para possibilitar a fiscalização de imposto de renda.[188]

[184] "Art. 993. O contrato social produz efeito somente entre os sócios, e a eventual inscrição de seu instrumento em qualquer registro não confere personalidade jurídica à sociedade. [...]" (BRASIL. Lei n. 10.406, de 10 de janeiro de 2002. Institui o Código Civil. **Palácio do Planalto Presidência da República**, Brasília, DF, 10 jan. 2002. Disponível em: <http://www.planalto.gov.br/CCivil_03/Leis/2002/L10406compilada.htm>. Acesso em: 03 jun. 2018).

[185] Júdice, Lucas Pimenta. Notas sobre a possibilidade de uma optante pelo simples nacional constituir uma sociedade em conta de participação. In: ______; Nybo, Erik Fontenele (coord.). **Direito das startups**. Curitiba: Juruá, 2016, p. 169.

[186] "Art. 992. A constituição da sociedade em conta de participação independe de qualquer formalidade e pode provar-se por todos os meios de direito." (BRASIL. Lei n. 10.406, de 10 de janeiro de 2002. Institui o Código Civil. **Palácio do Planalto Presidência da República**, Brasília, DF, 10 jan. 2002. Disponível em: <http://www.planalto.gov.br/CCivil_03/Leis/2002/L10406compilada.htm>. Acesso em: 03 jun. 2018).

[187] Conforme: Oliveira, Bernardo Mattei de Cabane. Direito empresarial e societário para empreendedores. In: Teixeira, Tarcisio; Lopes, Alan Moreira (coord.). **Startups e inovação**: direito no empreendedorismo (entrepreneurship law). Barueri: Manole, 2017, p. 57.

[188] Conforme: Júdice, Lucas Pimenta. Qual o melhor instrumento de investimento para você, seja empreendedor ou investidor? In: ______ (coord.). **Direito das startups** — volume II. Curitiba: Juruá, 2017, p. 50.

Neste tipo societário, há duas figuras de sócios distintas. A primeira é a do sócio ostensivo, que é o responsável por exercer a atividade da sociedade em seu próprio nome e exclusiva responsabilidade. Vale mencionar, é possível que uma mesma sociedade tenha mais de um sócio ostensivo. A segunda figura é a dos sócios ocultos ou participantes, que contribuem para a formação do patrimônio da sociedade e participam de seus resultados, mas que não exercem o objeto social da sociedade nem assumem responsabilidades perante terceiros em decorrência dos negócios realizados pelo sócio ostensivo (embora responsabilizem-se perante o sócio ostensivo).[189-190]

Desta forma, no exercício das atividades da sociedade em conta de participação, terceiros que realizem negócios com a sociedade não terão qualquer contato com os sócios participantes, nem mesmo tomarão conhecimento de que a sociedade existe, visto que o sócio ostensivo atuará em seu nome, e não como representante da sociedade.

Embora inicialmente os sócios participantes não assumam responsabilidades perante terceiros, eles assumirão essa obrigação na hipótese de intervirem em negociações do sócio ostensivo (exclusivamente em relação aos negócios nos quais tiverem interferido).[191]

[189] "Art. 991. Na sociedade em conta de participação, a atividade constitutiva do objeto social é exercida unicamente pelo sócio ostensivo, em seu nome individual e sob sua própria e exclusiva responsabilidade, participando os demais dos resultados correspondentes. Parágrafo único. Obriga-se perante terceiro tão-somente o sócio ostensivo; e, exclusivamente perante este, o sócio participante, nos termos do contrato social." (BRASIL. Lei n. 10.406, de 10 de janeiro de 2002. Institui o Código Civil. **Palácio do Planalto Presidência da República**, Brasília, DF, 10 jan. 2002. Disponível em: <http://www.planalto.gov.br/CCivil_03/Leis/2002/L10406compilada.htm>. Acesso em: 03 jun. 2018).

[190] "Art. 996. [...] Parágrafo único. Havendo mais de um sócio ostensivo, as respectivas contas serão prestadas e julgadas no mesmo processo." (BRASIL. Lei n. 10.406, de 10 de janeiro de 2002. Institui o Código Civil. **Palácio do Planalto Presidência da República**, Brasília, DF, 10 jan. 2002. Disponível em: <http://www.planalto.gov.br/CCivil_03/Leis/2002/L10406compilada.htm>. Acesso em: 03 jun. 2018).

[191] "Art. 993. [...] Parágrafo único. Sem prejuízo do direito de fiscalizar a gestão dos negócios sociais, o sócio participante não pode tomar parte nas relações do sócio ostensivo com terceiros, sob pena de responder solidariamente com este pelas obrigações em que intervier." (BRASIL. Lei n. 10.406, de 10 de janeiro de 2002. Institui o Código Civil. **Palácio do Planalto Presidência da República**, Brasília, DF, 10 jan. 2002. Disponível em: <http://www.planalto.gov.br/CCivil_03/Leis/2002/L10406compilada.htm>. Acesso em: 03 jun. 2018).

Como já dito anteriormente, a sociedade em conta de participação não possui patrimônio próprio. Entretanto, quando da sua constituição deve ser criado um patrimônio especial, o qual tem efeito exclusivamente entre os sócios e é constituído pelas contribuições dos sócios participantes e ostensivos, para ser utilizado na condução dos negócios sociais.[192] Vale esclarecer que a criação do patrimônio especial "é mera exigência fiscal e contábil, não havendo nenhuma formalidade para a formatação desse patrimônio distinto".[193]

Haja vista não haver obrigações de registro desse tipo societário, a saída ou inclusão de novos sócios também independe de qualquer formalidade. Entretanto, salvo previsão em contrário estipulada entre os sócios, ao sócio ostensivo não é permitido incluir novos sócios na sociedade sem que haja a anuência expressa de todos os outros sócios.[194]

3.3.2 *Razões para a sua utilização*

No ecossistema das *startups*, as sociedades em conta de participação são utilizadas geralmente não para a constituição da *startup* em si, mas sim para a formalização do recebimento de um investimento.[195]

[192] "Art. 994. A contribuição do sócio participante constitui, com a do sócio ostensivo, patrimônio especial, objeto da conta de participação relativa aos negócios sociais. § 1º A especialização patrimonial somente produz efeitos em relação aos sócios. [...]" (BRASIL. Lei n. 10.406, de 10 de janeiro de 2002. Institui o Código Civil. **Palácio do Planalto Presidência da República**, Brasília, DF, 10 jan. 2002. Disponível em: <http://www.planalto.gov.br/CCivil_03/Leis/2002/L10406compilada.htm>. Acesso em: 03 jun. 2018).

[193] Oliveira, Bernardo Mattei de Cabane. Direito empresarial e societário para empreendedores. In: Teixeira, Tarcisio; Lopes, Alan Moreira (coord.). **Startups e inovação**: direito no empreendedorismo (entrepreneurship law). Barueri: Manole, 2017, p. 57.

[194] "Art. 995. Salvo estipulação em contrário, o sócio ostensivo não pode admitir novo sócio sem o consentimento expresso dos demais." (BRASIL. Lei n. 10.406, de 10 de janeiro de 2002. Institui o Código Civil. **Palácio do Planalto Presidência da República**, Brasília, DF, 10 jan. 2002. Disponível em: <http://www.planalto.gov.br/CCivil_03/Leis/2002/L10406compilada.htm>. Acesso em: 03 jun. 2018).

[195] Como visto, na sociedade em conta de participação os negócios são realizados pelo sócio ostensivo em seu próprio nome. No caso das *startups*, então, o sócio ostensivo seria o empreendedor. Porém, com o objetivo de proteger o seu patrimônio pessoal, é compreensível que o empreendedor queira realizar as suas atividades por meio de um tipo societário que limite a responsabilidade do sócio, ao invés de assumir as obrigações diretamente em sua pessoa física. Por essa razão, o uso da sociedade em conta de participação faz sentido nas *startups* para estruturar o recebimento de um investimento, mas não como a estrutura societária da própria *startup*. Para este fim (estruturação jurídica da *startup*) é mais recomendada

Nessa hipótese, o papel de sócio ostensivo é exercido por uma pessoa jurídica (normalmente sociedade limitada) constituída pelos fundadores da *startup*, cabendo aos investidores o papel de sócios participantes.

Desta forma, esse tipo de investimento traz uma blindagem patrimonial ao investidor (desde que ele respeite a sua posição de sócio participante e não exerça atividades exclusivas do sócio ostensivo), visto que o mesmo não terá o seu nome vinculado à pessoa jurídica da *startup* nem mesmo terceiros que realizem negócios com a *startup* terão conhecimento da existência da sociedade em conta de participação e da condição de sócio participante do investidor.

Para que o investidor tenha uma parcela de envolvimento maior nos negócios (sem, porém, exercer externamente as atividades da sociedade), Lucas Pimenta Júdice aponta interessante sugestão:

> A SCP [sociedade em conta de participação] pode constituir um Conselho Administrativo da SCP e, além disso, seus sócios podem participar de um Consultivo da *startup*. Isso cria um poder regulatório "externo" à operação (que é feita pelo CNPJ do empreendedor), ao mesmo tempo que coloca os investidores numa posição confortável de consultores para que possam ajudar a construir uma empresa de futuro. Essa operação não puxa qualquer responsabilidade executiva da investida para o investidor, tampouco puxa a responsabilidade patrimonial. Mas faz-se novamente a ressalva de que há limites de envolvimento, para que o investidor da SCP não comece a funcionar como executivo da empresa, ainda que na intenção de ajudar.[196]

Outro ponto positivo para o investidor, enquanto sócio participante, é que, em caso de falência da *startup* (sócia ostensiva), a sociedade em conta de participação é dissolvida e liquidada, sendo que seu saldo constituirá crédito quirografário, tendo o investidor a possibilidade de tentar recuperá-lo.[197]

a utilização de uma sociedade limitada ou de uma sociedade anônima, para proteger o patrimônio pessoal do empreendedor, que não estaria protegido caso este figurasse como sócio ostensivo em sua pessoa física.

[196] JÚDICE, Lucas Pimenta. Qual o melhor instrumento de investimento para você, seja empreendedor ou investidor? In: _______ (coord.). **Direito das startups** — volume II. Curitiba: Juruá, 2017, p. 50.

[197] "Art. 994. [...] § 2º A falência do sócio ostensivo acarreta a dissolução da sociedade e a liquidação da respectiva conta, cujo saldo constituirá crédito quirografário. [...]" (BRASIL.

Do ponto de vista do empreendedor, há a vantagem de na sociedade em conta de participação o controle executivo do negócio permanecer sempre com a pessoa jurídica da *startup* (que possui apenas os fundadores como sócios), enquanto sócia ostensiva, independentemente da participação que a *startup* conceder aos investidores na sociedade em conta de participação, visto que, por maior que seja a participação destes, eles sempre serão apenas sócios participantes.[198]

3.3.3 *Principais pontos de atenção*

Um risco relevante na sociedade em conta de participação é que ela venha a ser entendida pelo Poder Judiciário como sendo uma sociedade em comum,[199] o que acarretaria a responsabilização ilimitada de todos os sócios.[200]

A forma de reduzir esse risco é ter provas de que se trata efetivamente de uma sociedade em conta de participação.

Lei n. 10.406, de 10 de janeiro de 2002. Institui o Código Civil. **Palácio do Planalto Presidência da República**, Brasília, DF, 10 jan. 2002. Disponível em: <http://www.planalto.gov.br/CCivil_03/Leis/2002/L10406compilada.htm>. Acesso em: 03 jun. 2018).

198 Conforme: Júdice, Lucas Pimenta. Qual o melhor instrumento de investimento para você, seja empreendedor ou investidor? In: ______ (coord.). **Direito das startups** — volume II. Curitiba: Juruá, 2017, p. 52.

199 Neste sentido: "PRESTAÇÃO DE CONTAS — Sociedade em comum — Ação julgada improcedente — Preliminar de cerceamento de defesa rejeitada — Sociedade de fato havida entre as partes, com a finalidade de empreender shopping center — Não há que se falar em sociedade em conta de participação, à míngua de qualquer acerto por escrito entre as partes — A prova produzida pelo próprio autor demonstra que a gestão financeira e patrimonial do negócio incumbia a ambos — Inexistência do dever do réu de prestar contas, e do direito do autor de exigi-las — Verba honorária fixada, por equidade (art. 20 § 4º), à míngua de condenação, em R$ 1.000,00 — Ação improcedente, reformada a sentença apenas neste ponto — Apelo do autor improvido, provido em parte o do réu." (SÃO PAULO. **Tribunal de Justiça do Estado de São Paulo**. Apelação n. 0149282-68.2007.8.26.0002. Relator: Paulo Eduardo Razuk. Órgão julgador: 1ª Câmara de Direito Privado. Data do julgamento: 08 mai. 2012. Data da publicação: 09 mai. 2012. Disponível em: <https://bit.ly/2LcFZBO>. Acesso em: 20 ago. 2018).

200 "Art. 990. Todos os sócios respondem solidária e ilimitadamente pelas obrigações sociais, excluído do benefício de ordem, previsto no art. 1.024, aquele que contratou pela sociedade." (BRASIL. Lei n. 10.406, de 10 de janeiro de 2002. **Palácio do Planalto Presidência da República**, Brasília, DF, 10 jan. 2002. Institui o Código Civil. Disponível em: <http://www.planalto.gov.br/CCivil_03/Leis/2002/L10406compilada.htm>. Acesso em: 03 jun. 2018).

A existência de um contrato social entre os sócios, estabelecendo as regras que vigorarão entre eles, é uma forma. Outra maneira ainda melhor (que não substitui a primeira, devendo ser aplicada em conjunto) é o sócio ostensivo realizar a "adequada escrituração de livros comerciais e obrigações acessórias fiscais".[201]

Superado este ponto, há uma outra questão que pode ser um grande limitador para a utilização de uma sociedade em conta de participação por uma *startup*.

Conforme apontado na subseção 3.3.2 acima, a constituição de uma sociedade em conta de participação para investimentos em *startup* é realizada com o investidor assumindo a posição de sócio participante e a *startup*, via de regra constituída na forma de uma sociedade limitada, na posição de sócia ostensiva.

Uma quantidade expressiva de *startups* opta pelo regime tributário conhecido como Simples Nacional, sendo em muitos casos essa opção de regime essencial para que a *startup* consiga sobreviver em sua fase inicial.

Contudo, uma das vedações legais à opção pelo regime do Simples Nacional é na hipótese de a sociedade participar do capital de outra pessoa jurídica.[202] Sobre esse ponto, a Receita Federal já se posicionou no

[201] Conforme: Ramires, Rogerio. **A sociedade em conta de participação no direito brasileiro**. São Paulo: Almedina, 2011, p. 88.

[202] "Art. 3º Para os efeitos desta Lei Complementar, consideram-se microempresas ou empresas de pequeno porte, a sociedade empresária, a sociedade simples, a empresa individual de responsabilidade limitada e o empresário a que se refere o art. 966 da Lei no 10.406, de 10 de janeiro de 2002 (Código Civil), devidamente registrados no Registro de Empresas Mercantis ou no Registro Civil de Pessoas Jurídicas, conforme o caso, desde que: [...] § 4º Não poderá se beneficiar do tratamento jurídico diferenciado previsto nesta Lei Complementar, incluído o regime de que trata o art. 12 desta Lei Complementar, para nenhum efeito legal, a pessoa jurídica: [...] VII — que participe do capital de outra pessoa jurídica; [...]" (BRASIL. Lei Complementar n. 123, de 14 de dezembro de 2006. Institui o Estatuto Nacional da Microempresa e da Empresa de Pequeno Porte; altera dispositivos das Leis no 8.212 e 8.213, ambas de 24 de julho de 1991, da Consolidação das Leis do Trabalho — CLT, aprovada pelo Decreto-Lei no 5.452, de 1o de maio de 1943, da Lei no 10.189, de 14 de fevereiro de 2001, da Lei Complementar no 63, de 11 de janeiro de 1990; e revoga as Leis no 9.317, de 5 de dezembro de 1996, e 9.841, de 5 de outubro de 1999. **Palácio do Planalto Presidência da República**, Brasília, DF, 14 dez. 2006. Disponível em: <http://www.planalto.gov.br/ccivil_03/Leis/lcp/lcp123.htm>. Acesso em: 03 jun. 2018).

sentido de essa vedação ser extensível às sociedades que sejam sócias de sociedades em conta de participação. [203-204]

Dessa forma, ao menos neste momento não é possível que a *startup* seja sócia ostensiva de uma sociedade em conta de participação e ao mesmo tempo opte pelo regime tributário do Simples Nacional, sob pena de ser excluída de referido regime tributário.[205]

[203] Conforme: JÚDICE, Lucas Pimenta. Notas sobre a possibilidade de uma optante pelo simples nacional constituir uma sociedade em conta de participação. In: _______; NYBO, Erik Fontenele (coord.). **Direito das startups**. Curitiba: Juruá, 2016, p. 174.

[204] "ASSUNTO: Simples Nacional. EMENTA: OPTANTE PELO SIMPLES NACIONAL. VEDAÇÃO À PARTICIPAÇÃO NO CAPITAL DE OUTRA PESSOA JURÍDICA. SOCIEDADE EM CONTA DE PARTICIPAÇÃO (SCP). EQUIPARAÇÃO À PESSOA JURÍDICA. Para fins tributários, a Sociedade em Conta de Participação — SCP equipara-se a pessoa jurídica. Sendo assim, as microempresas ou empresas de pequeno porte que sejam sócias de SCP não poderão beneficiar-se do tratamento jurídico diferenciado previsto na Lei Complementar n. 123, de 2006, o que implica a exclusão do Simples Nacional. SOLUÇÃO DE CONSULTA VINCULADA À SOLUÇÃO DE CONSULTA COSIT N. 139, DE 3 DE JUNHO DE 2015. DISPOSITIVOS LEGAIS: Lei Complementar n. 70, de 1991, art. 1º; Lei Complementar n. 123, de 2006, art. 3º, §§ 4º, VII, 5º e 6º; Lei n. 9.715, de 1998, art. 2º, I; Lei n. 10.406, de 2002 (Código Civil), arts. 991 a 993; Decreto-Lei n. 2.303, de 1986, art. 7º; Decreto n. 3.000, de 1999 (RIR/1999), arts. 148, 149, 254 e 515; Instrução Normativa SRF n. 31, de 2001, art. 1º, caput, e § 1º; Ato Declaratório Interpretativo SRF n. 14, de 2004." (BRASIL. **Secretaria da Receita Federal do Brasil**. Solução de Consulta n. 10024. Julgador: Iolanda Maria Bins Perin. Órgão julgador: Divisão de Tributação da 10ª Região Fiscal. Data da publicação: 03 jul. 2015. Disponível em: <https://bit.ly/2ByS44I>. Acesso em: 22 ago. 2018)

[205] ""Art. 3º Para os efeitos desta Lei Complementar, consideram-se microempresas ou empresas de pequeno porte, a sociedade empresária, a sociedade simples, a empresa individual de responsabilidade limitada e o empresário a que se refere o art. 966 da Lei no 10.406, de 10 de janeiro de 2002 (Código Civil), devidamente registrados no Registro de Empresas Mercantis ou no Registro Civil de Pessoas Jurídicas, conforme o caso, desde que: [...] § 6º Na hipótese de a microempresa ou empresa de pequeno porte incorrer em alguma das situações previstas nos incisos do § 4o, será excluída do tratamento jurídico diferenciado previsto nesta Lei Complementar, bem como do regime de que trata o art. 12, com efeitos a partir do mês seguinte ao que incorrida a situação impeditiva. [...]" (BRASIL. Lei Complementar n. 123, de 14 de dezembro de 2006. Institui o Estatuto Nacional da Microempresa e da Empresa de Pequeno Porte; altera dispositivos das Leis no 8.212 e 8.213, ambas de 24 de julho de 1991, da Consolidação das Leis do Trabalho — CLT, aprovada pelo Decreto-Lei no 5.452, de 1o de maio de 1943, da Lei no 10.189, de 14 de fevereiro de 2001, da Lei Complementar no 63, de 11 de janeiro de 1990; e revoga as Leis no 9.317, de 5 de dezembro de 1996, e 9.841, de 5 de outubro de 1999. **Palácio do Planalto Presidência da República**, Brasília, DF, 14 dez. 2006. Disponível em: <http://www.planalto.gov.br/ccivil_03/Leis/lcp/lcp123.htm>. Acesso em: 03 jun. 2018).

3.4 Conclusão parcial

Observou-se, nesta seção, que a sociedade limitada e a sociedade anônima são os tipos societários mais adequados para a constituição da pessoa jurídica da *startup*.

Ambas garantem boa proteção ao patrimônio pessoal dos sócios (embora possa, eventualmente, haver a desconsideração da personalidade jurídica).

Enquanto a sociedade anônima apresenta como vantagens o risco reduzido de sofrer desconsideração da personalidade jurídica de forma equivocada, a inexistência de responsabilidade solidária do acionista na integralização de capital social pelos demais acionistas e a agilidade na transferência de ações, a sociedade limitada tem como benefícios a alternativa de optar pelo regime tributário do Simples Nacional (que pode representar uma economia fundamental no início da vida de uma *startup*) e o fato de ser uma estrutura mais enxuta e menos custosa.

Observou-se, também, que a sociedade em conta de participação é uma alternativa para a formalização de investimento sem que o investidor precise tornar-se sócio da *startup*. Nessa hipótese, a *startup* assume a posição de sócia ostensiva da sociedade em conta de participação, enquanto o investidor torna-se sócio participante. Essa estrutura garante ao investidor uma boa proteção patrimonial (desde que não extrapole as suas funções), enquanto permite à *startup* uma maior liberdade na condução dos negócios enquanto sócia ostensiva.

3.5 Quadro comparativo

Após tratar dos tipos societários individualmente, apresenta-se a tabela abaixo consolidando as principais informações abordadas nesta seção 3, para facilitar a comparação entre cada um.

Tipo societário	**Sociedade empresária limitada**	**Sociedade anônima**	**Sociedade em conta de participação**
Legislação aplicável	Arts. 1.052 a 1.087 e subsidiariamente os arts. 997 a 1.038, todos do Código Civil. Se houver previsão no contrato social, supletivamente a Lei 6.404/76.	Lei 6.404/76 e arts. 1.088 e 1.089 do Código Civil. Supletivamente, o Código Civil, no que a Lei 6.404/76 for omissa.	Arts. 991 a 996 e subsidiariamente (no que for compatível) os arts. 997 a 1.038, todos do Código Civil.

Tipo societário	Sociedade empresária limitada	Sociedade anônima	Sociedade em conta de participação
Responsabilidade dos sócios	Limitada à integralização do capital social (sócios respondem solidariamente mesmo em relação às quotas subscritas por outros sócios).	Limitada ao preço de emissão das ações que o acionista subscrever ou adquirir (sem responsabilidade solidária pela integralização das demais ações).	Sócio ostensivo responde com seu patrimônio pessoal. Sócio participante não se responsabiliza perante terceiros, salvo se atuar como sócio ostensivo.
Divisão do capital social e sócios	Capital social dividido em quotas, sendo possível a criação de quotas preferenciais sem direito a voto. Sócio denominado quotista.	Capital social dividido em ações, sendo possível a criação de ações preferenciais sem direito a voto. Sócio denominado acionista.	Patrimônio especial dividido em porcentagem. Sócios dividem-se em ostensivos e participantes (sócios participantes não têm ingerência).
Ato constitutivo	Contrato social.	Estatuto social.	Não é necessário contrato social escrito, embora recomendado.
Registro	Junta Comercial.	Junta Comercial.	Não há registro nem personalidade jurídica, mas CNPJ é obrigatório.
Estrutura administrativa	Assembleia-geral (ou reunião de sócios), administração e conselho fiscal (facultativo).	Assembleia-geral, conselho de administração (facultativo em certos casos), diretoria e conselho fiscal (permanente ou não).	Sócio ostensivo atua perante terceiros em nome próprio.
Uso mais comum	Tipo societário mais utilizado por *startups* em todas as fases. Recomendado principalmente no início.	Utilizado por algumas *startups*, principalmente em fases de maior maturação.	Geralmente utilizado como veículo de investimento, sendo a *startup* a sócia ostensiva e o investidor o sócio participante.
Principais vantagens	(a) Proteção patrimonial aos sócios; (b) Estrutura mais enxuta e menos custosa em relação às sociedades anônimas; (c) Pode optar pelo Simples Nacional, desde que atendidos certos requisitos.	(a) Proteção patrimonial aos sócios (menor risco de desconsideração da personalidade jurídica); (b) Acionista não é solidário na integralização das ações de outros acionistas; (c) Alteração mais ágil do quadro societário.	(a) Proteção patrimonial ao investidor (desde que não extrapole suas funções); (b) Estrutura enxuta; (c) Controle executivo exclusivo do sócio ostensivo, mesmo que sócios participantes possuam participação maior.
Principais desvantagens	(a) Risco de desconsideração da personalidade jurídica.	(a) Não pode optar pelo Simples Nacional; (b) Estrutura mais complexa e custosa.	(a) Risco de ser classificada como sociedade em comum; (b) Não pode optar pelo Simples Nacional se a sócia ostensiva for a *startup*.

Fonte: Tabela elaborada pelo próprio autor para inclusão nesta obra.

4. ESTRUTURAS DE INVESTIMENTO EM *STARTUPS* NO BRASIL

Após tratar das estruturas societárias mais adequadas às *startups* brasileiras, é importante analisar de maneira detida as principais vestes jurídicas[206] disponíveis no Direito pátrio para formalizar as operações econômicas de investimento em *startups*.

Serão abordadas as espécies contratuais mais relevantes, apontando os seus principais pontos de atenção, as fases de investimento em que geralmente sua utilização é mais apropriada e razões para o seu uso.

As formas de investimento que serão objeto de apreciação mais pormenorizada são: (a) obtenção de participação societária; (b) mútuo conversível em participação societária; (c) debêntures conversíveis em participação societária; (d) opção de compra de participação societária; e (e) contrato de participação.

Ao final, será apresentado um quadro comparativo das estruturas tratadas nesta seção, com o objetivo de facilitar a análise em conjunto.

4.1 Obtenção de participação societária

A obtenção de participação societária será tratada de maneira dividida. Primeiro será abordada em conjunto a obtenção de participação em

206 Veste jurídica é um termo utilizado na doutrina para se referir a contrato (Cf. ROPPO, Enzo. **O contrato**. 1.ed. Coimbra: Almedina, 2009, p. 9).

sociedades limitadas e sociedades anônimas, para na sequência ser abordada isoladamente a obtenção de participação em sociedades em conta de participação.

Essa separação é realizada tendo em vista que, enquanto nos dois primeiros tipos societários a participação obtida tem como finalidade tornar o investidor sócio da *startup*; no caso da sociedade em conta de participação o objetivo é que o investidor seja sócio deste veículo societário estruturado para formalizar a realização de um investimento na *startup*, e não diretamente da *startup*.

4.1.1 *Sociedades limitadas e sociedades anônimas*

A realização de investimento por meio da obtenção de participação societária da *startup* é, provavelmente, a primeira opção ventilada pelos fundadores de *startups* que ainda não possuem muito conhecimento sobre o assunto, por ser a mais óbvia.

Nessa espécie de investimento, a sociedade investida emite novas quotas ou ações (dependendo da espécie societária pela qual a *startup* estiver constituída), para que estas sejam subscritas e integralizadas pelo investidor. Assim, o aporte financeiro é realizado na forma de aumento do capital social, e o investidor torna-se sócio (quotista ou acionista) da *startup*, ao invés de ser um credor dela, que é o que ocorre em outras formas de investimento que serão apresentadas na sequência.

4.1.1.1 *Principais pontos de atenção*

Caso a escolha seja seguir pelo investimento por meio da obtenção de participação societária na *startup*, tendo em vista que o investidor será sócio da *startup* desde o momento do aporte financeiro, é extremamente recomendável a elaboração de um acordo de quotistas/acionistas.

Em referido acordo, deverão ser tratadas questões que regulem a ingerência dos sócios nos negócios, a destinação dos lucros, a disposição patrimonial da participação societária que possuem, entre outros.

Disciplinar, em um acordo de sócios, pontos como os acima mencionados, é a forma mais eficiente para tentar antecipar e minimizar futuros impasses.

Antes, porém, de optar por receber/realizar o investimento por meio da aquisição de participação societária, é importante atentar para os riscos e limitações que essa escolha implicará.

Inicialmente, é preciso avaliar se essa é uma possibilidade para o caso específico. Caso a *startup* esteja estruturada na forma de uma sociedade empresária limitada (o que ocorre na grande maioria dos casos em que a *startup* ainda está em estágio inicial, haja vista ser uma espécie societária menos burocrática e menos custosa do que uma sociedade anônima, além de em muitos casos poder obter certas vantagens tributárias, como já tratado na subseção 3.1.2), provavelmente o investimento direto no capital social representará a aquisição de uma porcentagem societária expressivamente maior do que fundador e investidor desejam estabelecer em um primeiro momento.

Isso ocorre porque, ao contrário das sociedades anônimas, em que a participação societária é calculada com base na quantidade de ações (sendo que as ações podem ser emitidas com preços distintos[207] e ainda assim ter o mesmo peso para o cômputo da participação societária), nas sociedades limitadas, embora as quotas possam ter valores diferentes, a participação societária é calculada com base na porcentagem do capital social detida por cada quotista (ou seja, no valor aportado por ele na sociedade, e não na quantidade de quotas que detém).[208]

O impacto gerado por essa diferença é que, enquanto em uma sociedade anônima uma ação ordinária convencional, que dê direito a 01 (um) voto, pode ser emitida por um preço para o fundador e por outro preço muito superior para um investidor, sendo que ambas as ações

[207] "Art. 14. O preço de emissão das ações sem valor nominal será fixado, na constituição da companhia, pelos fundadores, e no aumento de capital, pela assembleia-geral ou pelo conselho de administração (artigos 166 e 170, § 2º). Parágrafo único. O preço de emissão pode ser fixado com parte destinada à formação de reserva de capital; na emissão de ações preferenciais com prioridade no reembolso do capital, somente a parcela que ultrapassar o valor de reembolso poderá ter essa destinação." (BRASIL. Lei n. 6.404, de 15 de dezembro de 1976. Dispõe sobre as Sociedades por Ações. **Palácio do Planalto Presidência da República**, Brasília, DF, 15 dez. 1976. Disponível em: <http://www.planalto.gov.br/ccivil_03/leis/L6404consol.htm>. Acesso em: 18 mai. 2018).

[208] "De acordo com a lei (art. 1.055), as cotas serão de valor igual ou diferente. Essa alternativa já existia no regime da legislação anterior, sendo função do contrato dividir o capital em cotas de valores desiguais, cabendo a cada sócio parcelas distintas e identificadas do capital social, ou distribuir todo o capital por cotas de idêntico valor unitário, hipótese em que cada sócio subscreverá e possuirá um determinado número de cotas de igual expressão. Se as cotas forem de valores desiguais, o cômputo das maiorias levará em consideração, não o número de cotas, mas sim o montante de capital detido por cada sócio." (BORBA, José Edwaldo Tavares. **Direito societário**. 13.ed. rev. e atual. Rio de Janeiro: Renovar, 2012, p. 139 e 140).

darão direito a apenas 01 (um) voto para cada; quotas ordinárias emitidas com valores diferentes em uma sociedade limitada resultarão em porcentagens diferentes nas votações. Isso se dá em razão de as deliberações nas sociedades limitadas serem tomadas com base na participação no capital social, e não na quantidade de quotas.[209]

Uma solução para minimizar essa questão seria a emissão de quotas preferenciais sem direito a voto, pois então a participação societária referente a elas não seria computada nas votações. Porém, como essa espécie de quota segue o mesmo regramento das ações preferenciais sem direito a voto, há a limitação de a quantidade de quotas sem direito a voto não poder ultrapassar 50% (cinquenta por cento) do total de todas as quotas emitidas.[210]

Desta forma, em um cenário de *startup* em estágio inicial, em que o aporte a ser feito pelo investidor costuma ser múltiplas vezes superior ao capital social da *startup*, o limite de quotas preferenciais sem direito a voto não seria suficiente para comportar toda a participação societária adquirida, sendo necessária também a emissão de quotas ordinárias (com direito a voto), e provavelmente em uma quantidade que acabaria por tornar o investidor controlador da *startup*.[211]

[209] "Art. 1.076. Ressalvado o disposto no art. 1.061, as deliberações dos sócios serão tomadas: I — pelos votos correspondentes, no mínimo, a três quartos do capital social, nos casos previstos nos incisos V e VI do art. 1.071; II — pelos votos correspondentes a mais de metade do capital social, nos casos previstos nos incisos II, III, IV e VIII do art. 1.071; III — pela maioria de votos dos presentes, nos demais casos previstos na lei ou no contrato, se este não exigir maioria mais elevada." (BRASIL. Lei n. 10.406, de 10 de janeiro de 2002. Institui o Código Civil. **Palácio do Planalto Presidência da República**, Brasília, DF, 10 jan. 2002. Disponível em: <http://www.planalto.gov.br/CCivil_03/Leis/2002/L10406compilada.htm>. Acesso em: 27 jul. 2022).

[210] "Art. 15. As ações, conforme a natureza dos direitos ou vantagens que confiram a seus titulares, são ordinárias, preferenciais, ou de fruição. [...] § 2º O número de ações preferenciais sem direito a voto, ou sujeitas a restrição no exercício desse direito, não pode ultrapassar 50% (cinquenta por cento) do total das ações emitidas." (BRASIL. Lei n. 6.404, de 15 de dezembro de 1976. Dispõe sobre as Sociedades por Ações. **Palácio do Planalto Presidência da República**, Brasília, DF, 15 dez. 1976. Disponível em: <http://www.planalto.gov.br/ccivil_03/leis/L6404consol.htm>. Acesso em: 18 mai. 2018).

[211] Apenas para argumentar, poderia ser construído o raciocínio de que, como o artigo 1.055 do Código Civil permite a criação de quotas iguais ou desiguais, seria possível atribuir às quotas preferenciais sem direito a voto valor bem mais elevado do que o atribuído às quotas ordinárias, para que o aporte de capital coubesse dentro do limite da quantidade de quotas preferenciais sem direito a voto que podem ser emitidas. Porém, como nas sociedades

Como consequência, o investidor teria uma ingerência muito grande na sociedade e assumiria também grande responsabilidade, algo que nem ele nem os sócios-fundadores desejariam.

Essa questão pode ser solucionada com a transformação da sociedade de limitada para anônima, porém é necessário verificar se essa alteração de espécie societária não trará outras implicações relevantes à *startup*, como, por exemplo, a perda de certos benefícios tributários.

Ademais, mesmo em casos em que a *startup* esteja constituída sob a estrutura de uma sociedade limitada e que o investimento a ser realizado não represente uma aquisição de participação societária tão relevante a ponto de trazer implicações que tanto investidor quanto fundadores não desejam (conforme abordado acima), há ainda uma limitação de cunho tributário.

Conforme já mencionado em outros pontos desta obra, as sociedades limitadas classificadas como microempresas ou empresas de pequeno porte e que atendam a certos requisitos exigidos por lei podem optar por regime tributário mais vantajoso, conhecido como Simples Nacional. Entretanto, não podem optar por este regime sociedades que possuam pessoas jurídicas em seu quadro societário.[212] Sendo assim, para

limitadas os votos estão atrelados ao capital social e não à quantidade de quotas, mesmo no cenário improvável de que a Junta Comercial permitisse o registro do contrato social com quotas preferenciais sem direito a voto com valor que ultrapasse 50% do valor de todas as quotas, provavelmente em uma ação judicial o entendimento do Judiciário seria no sentido de que foi extrapolado o limite legal de quotas sem direito a voto e que, portanto, a participação societária referente a quotas preferenciais sem direito a voto além deste limite possuem direito a voto. Como resultado, haveria o risco de alteração no controle societário da sociedade.

212 "Art. 3º Para os efeitos desta Lei Complementar, consideram-se microempresas ou empresas de pequeno porte, a sociedade empresária, a sociedade simples, a empresa individual de responsabilidade limitada e o empresário a que se refere o art. 966 da Lei no 10.406, de 10 de janeiro de 2002 (Código Civil), devidamente registrados no Registro de Empresas Mercantis ou no Registro Civil de Pessoas Jurídicas, conforme o caso, desde que: [...] § 4º Não poderá se beneficiar do tratamento jurídico diferenciado previsto nesta Lei Complementar, incluído o regime de que trata o art. 12 desta Lei Complementar, para nenhum efeito legal, a pessoa jurídica: I — de cujo capital participe outra pessoa jurídica; [...]" (BRASIL. Lei Complementar n. 123, de 14 de dezembro de 2006. Institui o Estatuto Nacional da Microempresa e da Empresa de Pequeno Porte; altera dispositivos das Leis no 8.212 e 8.213, ambas de 24 de julho de 1991, da Consolidação das Leis do Trabalho — CLT, aprovada pelo Decreto-Lei no 5.452, de 1o de maio de 1943, da Lei no 10.189, de 14 de fevereiro de 2001, da Lei Complementar no 63, de 11 de janeiro de 1990; e revoga as Leis no 9.317, de 5 de

manter-se no regime tributário do Simples Nacional, o aporte do investidor por meio de obtenção de participação societária teria que, obrigatoriamente, ser realizado por meio de pessoa física, e não de pessoa jurídica (o que geralmente não é visto como uma boa alternativa pelos investidores, que preferem realizar investimentos por meio de uma pessoa jurídica para proteger seu patrimônio pessoal).

Superados esses pontos, é necessário analisar mais algumas questões. Do ponto de vista dos fundadores das *startups*, é fundamental ter em mente que, ao receber investimento por meio da concessão de parte da participação societária, o investidor passará a ser sócio da *startup* desde o primeiro momento, ao contrário das outras hipóteses que serão apresentadas na sequência.

Conceder uma fatia do capital social ao investidor gerará, como consequência, uma maior ingerência deste na *startup*, mesmo que o investidor não tenha inicialmente uma porcentagem relevante. Isso porque, para um investidor tornar-se sócio, ele sempre buscará garantir, por meio de um acordo de sócios, certos direitos que lhe tragam uma maior segurança. Referidos direitos, via de regra, implicam em certas restrições aos sócios-fundadores, influenciando, direta ou indiretamente, na administração e rumos da sociedade.

Além disso, é fundamental para o sócio-fundador, ao fixar a porcentagem que será concedida ao investidor, lembrar-se de que futuramente a *startup* precisará de novos investimentos, que implicarão em uma diluição ainda maior da participação societária dos fundadores. Assim, caso o investidor adquira uma porcentagem relevante da *startup* logo no início, pode acontecer que, em algum momento futuro, o fundador encontre-se em uma situação em que seja obrigado a abrir mão do controle societário da *startup* para conseguir um novo aporte financeiro. Como consequência, além de reduzir seus possíveis lucros, o sócio-fundador ainda poderá perder o poder de decisão, reduzindo ou mesmo perdendo sua autonomia na gestão do negócio e havendo o risco de o foco e objetivos da *startup* acabarem sendo alterados em relação aos por ele desejados.

dezembro de 1996, e 9.841, de 5 de outubro de 1999. **Palácio do Planalto Presidência da República**, Brasília, DF, 14 dez. 2006. Disponível em: <http://www.planalto.gov.br/ccivil_03/Leis/lcp/lcp123.htm>. Acesso em: 03 jun. 2018).

Por outro lado, uma vantagem para o fundador da *startup* nessa forma de capitalização do negócio é que o investidor, ao tornar-se sócio, dividirá os riscos com o fundador. Nessa hipótese, caso a *startup* não prospere, a sociedade não terá uma dívida para com o investidor (diferente do que ocorre no investimento por meio de mútuo conversível em ações, que será tratado na sequência).

Analisando a situação pelo olhar do investidor, se por um lado tornar-se sócio da *startup* desde o primeiro momento lhe garanta direitos inerentes a essa posição e possa resultar em uma maior ingerência nas decisões estratégicas, por outro lado essa opção traz para o investidor o risco do negócio, pois caso a *startup* não dê frutos o investidor perderá completamente o seu investimento e não poderá cobrá-lo de volta, já que será um sócio da *startup* e não um credor.

Há, ainda, o risco de o investidor vir a ser responsabilizado por eventual má administração societária, caso faça parte da diretoria ou conselho da *startup*.

Porém, o risco mais preocupante não é qualquer dos dois acima mencionados, mas sim a possibilidade de o investidor ter que responder por dívidas da *startup* na eventualidade de uma desconsideração da personalidade jurídica.[213]

A desconsideração da personalidade jurídica é um tema de extrema relevância, ainda mais no que diz respeito a direitos trabalhistas, visto que a Justiça do Trabalho costuma aplicá-la de maneira ampla e recorrente.[214] Como é muito comum as *startups* iniciarem suas atividades informalmente, não é raro o investidor deparar-se com um possível passivo trabalhista, decorrente da falta de registro dos funcionários ou do não atendimento de algumas exigências legais. Essa questão não pode ser ignorada pelo investidor quando for optar pela forma como deseja formalizar o seu investimento na *startup*.

A conclusão é que, enquanto para o criador da *startup* o recebimento de um investimento por intermédio da concessão de participação societária possa ser interessante se negociado de maneira prudente e sabendo-se das limitações de escolha de regime tributário, geralmente para o

213 A desconsideração da personalidade jurídica foi abordada na subseção 3.1.3.

214 Conforme: Salama, Bruno Meyerhof. **O fim da responsabilidade limitada no Brasil** — História, Direito e Economia. São Paulo: Malheiros, 2014, p. 194-200.

investidor essa não é a forma mais recomendada de investir em *startups* que estejam em fases mais iniciais, visto haver uma assunção de risco muito grande, sendo preferível optar por outras formas de formalizar seu investimento.

4.1.1.2 *Fases de investimento mais propícias e razões para a sua utilização*

O investimento por meio da aquisição de participação societária da *startup* pode ser utilizado em qualquer uma das suas fases de maturação. Entretanto, seu uso é mais comum (a) bem no início da sociedade, antes de qualquer investimento, quando um investidor, utilizando-se de sua pessoa física e não de uma pessoa jurídica (para evitar que a sociedade não possa usufruir do regime tributário do Simples Nacional), geralmente de confiança do fundador da *startup*, junta-se a ele com o objetivo exclusivo de aporte financeiro — por isso, diferenciando-se do investidor-anjo; e (b) em momentos mais avançados de maturação da *startup*, quando os fundos de investimento avaliam haver uma grande possibilidade de consolidação do negócio.

Essa forma de investimento geralmente não é recomendada na fase de aporte por meio do investidor-anjo devido aos riscos que foram mencionados anteriormente. Também não se vislumbra o uso corriqueiro de obtenção de quotas/ações por meio de fundos de investimentos quando a *startup* está em uma fase menos avançada de maturação, pelos mesmos riscos já apontados.

Em resumo, a aquisição de participação societária parece uma boa opção para os fundos de investimento que queiram investir na *startup* quando ela já está em uma fase de maturação mais avançada, pois assim conseguem garantir uma maior ingerência nos negócios e participação na tomada de decisões estratégicas em uma fase em que o risco assumido já não é tão grande em relação a momentos anteriores.

4.1.2 *Sociedades em conta de participação*

A obtenção de participação societária de uma sociedade em conta de participação é uma das alternativas para o investidor que não deseja tornar-se sócio da *startup* diretamente.

Nesta hipótese, ao invés de o investidor figurar no quadro societário da *startup*, constitui-se uma sociedade em conta de participação na qual a pessoa jurídica da *startup* será a sócia ostensiva e o investidor será o sócio participante.

O investidor, então, realizará o aporte financeiro na sociedade em conta de participação, ao invés de diretamente na *startup*.

4.1.2.1 *Principais pontos de atenção*

Os principais pontos de atenção nessa forma de investimento são aqueles apontados na subseção 3.3.3, razão pela qual serão abordados nesta subseção de maneira mais abreviada.

Quando da constituição da sociedade em conta de participação, é altamente recomendado a elaboração de seu contrato social, para estabelecer os parâmetros que regularão a relação entre *startup* e investidor e, ainda, como prova de existência da sociedade em conta de participação, ajudando a prevenir eventual caracterização de existência de sociedade em comum.

De igual maneira, a existência dos livros comerciais da sociedade em conta de participação servirá como prova da existência da sociedade, razão pela qual é extremamente relevante que a *startup*, enquanto sócia ostensiva, realize a devida escrituração.

Também é extremamente relevante que o investidor atue estritamente nos limites de sua posição de sócio participante, para evitar que venha a ser responsabilizado pelas obrigações assumidas pela *startup* no âmbito dos negócios da sociedade em conta de participação.

Por fim, vale relembrar que a opção por essa forma de investimento impedirá a *startup* de beneficiar-se do regime tributário do Simples Nacional, tendo em vista o entendimento da Receita Federal de que a sociedade em conta de participação é equiparada à pessoa jurídica para fins da vedação do artigo 3º, § 4º, inciso VII, da Lei Complementar 123.[215]

[215] "Art. 3º Para os efeitos desta Lei Complementar, consideram-se microempresas ou empresas de pequeno porte, a sociedade empresária, a sociedade simples, a empresa individual de responsabilidade limitada e o empresário a que se refere o art. 966 da Lei no 10.406, de 10 de janeiro de 2002 (Código Civil), devidamente registrados no Registro de Empresas Mercantis ou no Registro Civil de Pessoas Jurídicas, conforme o caso, desde que: [...] § 4º Não poderá se beneficiar do tratamento jurídico diferenciado previsto nesta Lei Complementar, incluído o regime de que trata o art. 12 desta Lei Complementar, para nenhum efeito legal, a pessoa jurídica: [...] VII — que participe do capital de outra pessoa jurídica; [...]" (BRASIL. Lei Complementar n. 123, de 14 de dezembro de 2006. Institui o

4.1.2.2 *Fases de investimento mais propícias e razões para a sua utilização*

O investimento por meio da obtenção de participação societária em uma sociedade em conta de participação, constituída para que o investidor seja o sócio participante e a pessoa jurídica da *startup* seja a sócia ostensiva, é mais adequado nas fases iniciais da *startup*. Isso porque, conforme analisado na subseção 3.3, como a *startup* atua em seu próprio nome, o investidor, enquanto sócio participante, está menos exposto aos eventuais passivos.

Ademais, em caso de falência da *startup*, haverá a dissolução e liquidação da sociedade em conta de participação, com o investidor tornando-se credor quirografário[216] (o que não ocorreria caso o investidor fosse sócio da pessoa jurídica da *startup* e esta fosse à falência).

Para o empreendedor, por sua vez, há a vantagem de preservar a gestão da *startup* independentemente do montante aportado pelo investidor, visto que este não se tornará sócio direto da *startup*.

Em fases mais avançadas de maturação da *startup*, porém, não se vislumbram vantagens relevantes no uso dessa forma de investimento.

4.2 Mútuo conversível em participação societária

O contrato de mútuo conversível em participação societária, como o próprio nome leva a crer, é um instrumento híbrido, formalizado por meio de um contrato particular de mútuo (ou seja, empréstimo de coisa fungível), no qual há a possibilidade de o investidor optar por, ao invés de receber de volta o valor investido, receber uma participação societária da *startup* para a qual fez o empréstimo.[217]

Estatuto Nacional da Microempresa e da Empresa de Pequeno Porte; altera dispositivos das Leis no 8.212 e 8.213, ambas de 24 de julho de 1991, da Consolidação das Leis do Trabalho — CLT, aprovada pelo Decreto-Lei no 5.452, de 1o de maio de 1943, da Lei no 10.189, de 14 de fevereiro de 2001, da Lei Complementar no 63, de 11 de janeiro de 1990; e revoga as Leis no 9.317, de 5 de dezembro de 1996, e 9.841, de 5 de outubro de 1999. **Palácio do Planalto Presidência da República**, Brasília, DF, 14 dez. 2006. Disponível em: <http://www.planalto.gov.br/ccivil_03/Leis/lcp/lcp123.htm>. Acesso em: 03 jun. 2018).

[216] “Art. 994. [...] § 2º A falência do sócio ostensivo acarreta a dissolução da sociedade e a liquidação da respectiva conta, cujo saldo constituirá crédito quirografário. [...]” (BRASIL. Lei n. 10.406, de 10 de janeiro de 2002. Institui o Código Civil. **Palácio do Planalto Presidência da República**, Brasília, DF, 10 jan. 2002. Disponível em: <http://www.planalto.gov.br/CCivil_03/Leis/2002/L10406compilada.htm>. Acesso em: 03 jun. 2018).

[217] O contrato de mútuo é regulamentado pelos artigos 586 a 592 do Código Civil (BRASIL. Lei n. 10.406, de 10 de janeiro de 2002. Institui o Código Civil. **Palácio do Planalto**

Referido instrumento aparentemente foi inspirado nas *convertible notes* amplamente utilizadas por *startups* norte-americanas, conforme explicam Giulliano Tozzi Coelho e Luiz Gustavo Garrido:

> O mútuo conversível, pode-se dizer, é uma tropicalização das *Convertible Notes* norte-americanas, as quais representam a constituição de uma dívida da empresa investida para com o investidor a qual poderá ser convertida em participação societária previamente estabelecida mediante um evento de liquidez — normalmente o ingresso de um novo investidor ou transformação de espécie societária [...][218]

O mútuo conversível em participação societária é celebrado entre a *startup* e o investidor, com a assinatura dos sócios-fundadores como anuentes. Nele, o investidor empresta certa quantia para a sociedade, estabelecendo os juros[219] e correção monetária devidos, e prevendo as hipóteses em que o investidor poderá optar por substituir a obrigação da sociedade em quitar o mútuo com dinheiro pela conversão do seu crédito em uma fatia de participação societária na *startup*. Referida conversão é realizada por meio da emissão de novas quotas ou ações (dependendo do tipo societário) da *startup*, a serem subscritas e inte-

Presidência da República, Brasília, DF, 10 jan. 2002. Disponível em: <http://www.planalto.gov.br/CCivil_03/Leis/2002/L10406compilada.htm>. Acesso em: 22 mai. 2018). Vale mencionar que não há previsão no Código Civil acerca da possibilidade de inclusão de cláusula de conversibilidade do mútuo em participação societária. Entretanto, tendo em vista tratar-se de um contrato particular e não havendo vedação legal para a sua utilização, não há muitos defensores da impossibilidade de uso desta espécie de contrato. Além disso, no Marco Legal das Startups e do Empreendedorismo Inovador (Lei Complementar n. 182/2021) o contrato de mútuo conversível em participação societária é mencionado como um dos instrumentos utilizados para investimentos em startups (art. 5º, § 1º, IV), demonstrando que o legislador não se opõe à inclusão de cláusula de conversibilidade do mútuo em participação societária.

[218] Coelho, Giulliano Tozzi; Garrido, Luiz Gustavo. Dissecando o contrato entre startups e investidores anjo. In: Júdice, Lucas Pimenta; Nybo, Erik Fontenele (coord.). **Direito das startups.** Curitiba: Juruá, 2016, p. 121.

[219] Os quais não poderão ultrapassar os juros legais previstos no artigo 406 do Código Civil (BRASIL. Lei n. 10.406, de 10 de janeiro de 2002. Institui o Código Civil. **Palácio do Planalto Presidência da República**, Brasília, DF, 10 jan. 2002. Disponível em: <http://www.planalto.gov.br/CCivil_03/Leis/2002/L10406compilada.htm>. Acesso em: 22 mai. 2018), conforme determinação do artigo 591 da mesma lei.

gralizadas pelo investidor, seguindo critérios predeterminados quando da celebração do contrato de mútuo.[220]

Exemplos de situações usualmente estabelecidas entre as partes nas quais o investidor pode optar por converter o mútuo em participação societária, como bem ilustra Leonardo Santana, são:

a) na data do vencimento do contrato;
b) em caso de alteração do controle societário da *Startup*;
c) transformação do tipo societário da *Startup* em Sociedade por Ações;
d) uma eventual oferta pública de ações da *Startup*; e
e) em caso de nova rodada de investimento.[221]

Há, porém, diversas outras circunstâncias que podem ser também previstas pelas partes como geradoras do direito de o credor optar pela conversão do mútuo em participação societária, como, por exemplo, em caso de descumprimentos contratuais por parte da sociedade investida, na hipótese de ocorrência de uma reorganização societária da *startup*, caso haja uma alteração substancial de seu objeto social, dentre outros.[222]

4.2.1 *Principais pontos de atenção*

Primeiramente, é válido esclarecer que, enquanto, por um lado, no investimento via contrato de mútuo conversível o investidor está, em regra, mais protegido do que na obtenção direta de participação societária da *startup* (por ser um credor e não um sócio da sociedade enquanto não há a opção pela conversão), por outro lado, o ganho do investidor na modalidade de participação direta pode vir a ser muito maior do que no contrato de mútuo.

[220] Conforme: Santana, Leonardo. Mútuo conversível em participação — uma alternativa econômica e eficaz de captação de recursos. In: Júdice, Lucas Pimenta (coord.). **Direito das startups** — volume II. Curitiba: Juruá, 2017, p. 94.

[221] Santana, Leonardo. Mútuo conversível em participação — uma alternativa econômica e eficaz de captação de recursos. In: Júdice, Lucas Pimenta (coord.). **Direito das startups** — volume II. Curitiba: Juruá, 2017, p. 98.

[222] Conforme: Santana, Leonardo. Mútuo conversível em participação — uma alternativa econômica e eficaz de captação de recursos. In: Júdice, Lucas Pimenta (coord.). **Direito das startups** — volume II. Curitiba: Juruá, 2017, p. 98-99.

No investimento via mútuo, o investidor está aportando um montante que, em momento futuro, poderá optar por converter em participação societária da *startup*. Referida conversão, na maioria das vezes, tomará por base o quanto o valor investido, acrescido de juros e correção monetária, representa na avaliação da *startup* no momento da efetivação da conversão. Em contrapartida, na obtenção de participação societária no ato do investimento, o cálculo da porcentagem a ser atribuída ao investidor é tomado com base na avaliação da *startup* realizada naquele momento, a qual será inferior à avaliação do momento futuro caso a *startup* alcance o sucesso almejado.[223]

Dessa análise, é possível concluir que, em caso de sucesso da *startup*, o mesmo valor investido representaria uma porcentagem maior de participação na avaliação inicial em relação à avaliação do momento da conversão, trazendo um ganho maior caso a escolha seja pela obtenção de participação societária de início ao invés da celebração do contrato de mútuo conversível. Porém, esse é apenas um elemento, que deve ser analisado em conjunto com os demais fatores antes de tomar uma decisão pela forma de investimento mais adequada para cada caso.

Outra questão que tem que ser avaliada com cuidado antes de optar pelo investimento via contrato de mútuo conversível em participação societária é que ele não traz (ou ao menos não deveria trazer), ao investidor, direitos que são exclusivos dos sócios, como, por exemplo, a ingerência na administração da sociedade e o direito de voto em assembleia geral.

A tentativa de estabelecer direitos exclusivos de sócios ao investidor mutuante pode, em último caso, levar à caracterização de uma sociedade em comum. Esta é uma sociedade sem personalidade jurídica, em situação irregular, e que gera como consequência a responsabilização dos sócios pelas obrigações da sociedade, de maneira solidária e ilimitada com seu patrimônio pessoal. Portanto, quando o investidor tem o objetivo de realmente exercer o papel de sócio, o melhor é que o seu

[223] Conforme: JÚDICE, Lucas Pimenta. Qual o melhor instrumento de investimento para você, seja empreendedor ou investidor? In: _______ (coord.). **Direito das startups** — volume II. Curitiba: Juruá, 2017, p. 57-58.

investimento seja devidamente formalizado como aporte no capital social da *startup*, para evitar prejuízos maiores.[224-225]

Superado esse ponto, caso a opção seja realmente por realizar o investimento via contrato de mútuo conversível, se a *startup* estiver constituída sob a forma de sociedade limitada é importante estabelecer no instrumento a obrigação de sua transformação em uma sociedade por ações. Isso porque, enquanto nas sociedades limitadas o ganho de capital (ágio) é tributado,[226] nas sociedades anônimas isso não ocorre,[227]

[224] Conforme: MARQUES, Rafael Younis. **Notas conversíveis no equity crowdfunding**: Sociedade de fato e risco de responsabilidade pessoal do investidor. Coleção Academia--Empresa 14. São Paulo: Quartier Latin, 2015, p. 151-153.

[225] Válido mencionar que, Francisco Cavalcanti Pontes de Miranda, ao analisar o contrato de mútuo com pacto de conversão em ações, argumenta não estar caracterizado o mútuo, mas sim oferta de subscrição e aquisição de ações. Embora essa não seja uma preocupação comumente demonstrada, não se pode descartar o risco de o Poder Judiciário adotar este raciocínio, descaracterizando o contrato de mútuo. Nessa hipótese, o Poder Judiciário poderia, eventualmente, vir até mesmo a caracterizar a relação como uma sociedade em comum. Tendo em vista que até o momento não há jurisprudência nacional acerca do mútuo conversível em participação societária, não se pode descartar este risco. (Conforme: MIRANDA, Pontes de. Tratado de direito privado: direito das obrigações. São Paulo: Revista dos Tribunais, 2012, p. 136 (Coleção tratado de direito privado: parte especial; 42). In: MARQUES, Rafael Younis. **Notas conversíveis no equity crowdfunding**: Sociedade de fato e risco de responsabilidade pessoal do investidor. Coleção Academia-Empresa 14. São Paulo: Quartier Latin, 2015, p. 83)

[226] Neste sentido: "ÁGIO NA SUBSCRIÇÃO DE QUOTAS. SOCIEDADE ANÔNIMA (SA). SOCIEDADE DE RESPONSABILIDADE LIMITADA (LTDA). O ágio na aquisição de quotas de capital das sociedades de responsabilidade limitada deve compor o resultado comercial do exercício. Como inexiste disposição que determine sua exclusão para fins de determinação da base de cálculo do imposto de renda, deve compor o lucro real." (BRASÍLIA. **Conselho Administrativo de Recursos Fiscais**. Recurso Especial do Procurador. Acórdão n. 9101-002.009. Relator: Valmir Sandri. Data da sessão: 07 out. 2014. Disponível em: <https://bit.ly/1QyYj5A>. Acesso em: 20 ago. 2018).

[227] "Art. 520. Não serão computadas, para fins de determinação do lucro real, as importâncias creditadas a reservas de capital que o contribuinte, com a forma de companhia, receber dos subscritores de valores mobiliários de sua emissão a título de: I — ágio na emissão de ações por preço superior ao valor nominal, ou a parte do preço de emissão de ações sem valor nominal destinadas à formação de reservas de capital; [...]" (BRASIL. Decreto n. 9.580, de 22 de novembro de 2018. Regulamenta a tributação, a fiscalização, a arrecadação e a administração do Imposto sobre a Renda e Proventos de Qualquer Natureza. **Palácio do Planalto Presidência da República**. Brasília, DF, 22 nov. 2018. Disponível em: <http://www.planalto.gov.br/ccivil_03/_ato2015-2018/2018/decreto/D9580.htm>. Acesso em: 27 jul. 2022).

gerando uma economia que pode ser revertida em benefício da própria *startup*.[228]

Dessa forma, no caso da conversão de um mútuo em quotas de uma sociedade limitada, se o valor do mútuo for superior ao valor nominal das quotas que serão concedidas ao investidor, a diferença entre os valores (ágio) será interpretado pelo fisco como lucro, gerando o dever de recolhimento de imposto de renda. De maneira diversa, porém, ocorre no caso das sociedades anônimas, visto haver expressa previsão legal autorizando que o ágio seja computado como reserva de capital.

Tratando ainda de tributação, é importante alertar que, independentemente do tipo societário que estiver formalizada a *startup*, quando o mutuante (investidor) for pessoa jurídica, a operação de mútuo conversível estará sujeita à incidência do IOF-Crédito (imposto sobre operações financeiras de crédito), o qual deve ser retido e recolhido pelo mutuante.

Por fim, vale recomendar que se aproveite a negociação do instrumento de mútuo para prever ao menos as regras principais que deverão constar em um acordo de sócios que as partes antecipadamente obrigam-se a celebrar quando da eventual entrada do investidor no quadro social da *startup*. Inclusive, algumas vezes a minuta final do acordo de sócios já está transcrita como anexo do contrato de mútuo conversível, para tentar evitar que as discussões sobre a redação do acordo de sócios fiquem para o futuro e acabem atrasando a formalização da conversão do mútuo.

Em referida minuta de acordo de sócios devem ser definidas questões cruciais da relação entre investidor e fundador, visando minimizar problemas que poderiam vir a surgir no cotidiano das relações societárias. Exemplos de questões a serem tratadas são: ingerência do sócio-investidor sobre a administração ou os rumos da sociedade, forma de divisão de lucros, regras de saída de sócios ou entrada de novos sócios, obrigação de não concorrência, forma de sucessão e de solução de disputas, entre outras.

[228] Conforme: SANTANA, Leonardo. Mútuo conversível em participação — uma alternativa econômica e eficaz de captação de recursos. In: JÚDICE, Lucas Pimenta (coord.). **Direito das startups** — volume II. Curitiba: Juruá, 2017, p. 95.

4.2.2 *Fases de investimento mais propícias e razões para a sua utilização*

O contrato de mútuo conversível em participação societária pode ser aplicado em qualquer fase de maturação da *startup*. Porém, ele é mais recomendado nas fases mais iniciais e intermediárias, devido à maior proteção trazida ao investidor, que resta caracterizado como um credor da sociedade ao invés de um sócio. Essa, geralmente, é a forma de investimento escolhida pelos investidores-anjo.[229]

Por outro lado, pode não ser tão interessante a sua utilização em uma fase mais avançada, quando então a sociedade já estará próxima de consolidar-se e poderá ser mais vantajoso entrar diretamente no quadro societário para adquirir uma maior ingerência, sendo que o risco de responsabilização enquanto sócio estará mitigado pelo fato de a *startup* estar mais próxima de sua solidez.

Há algumas razões bem relevantes para optar pela realização do investimento por meio do mútuo conversível em participação societária.

A primeira a ser mencionada é tributária. Uma parte relevante das *startups* é constituída na forma de sociedade limitada e beneficiam-se do regime tributário do Simples Nacional. Como já dito anteriormente (ao tratar dos pontos de atenção do investimento por obtenção de participação societária, na subseção 4.1.1.1), as sociedades que têm sócias pessoas jurídicas são vedadas de usufruir desse regime.[230] Dessa forma, nesse ponto o investimento por meio do instrumento de mútuo conversível

[229] Conforme: Marques, Rafael Younis. **Notas conversíveis no equity crowdfunding**: Sociedade de fato e risco de responsabilidade pessoal do investidor. Coleção Academia-Empresa 14. São Paulo: Quartier Latin, 2015, p. 89.

[230] "Art. 3º Para os efeitos desta Lei Complementar, consideram-se microempresas ou empresas de pequeno porte, a sociedade empresária, a sociedade simples, a empresa individual de responsabilidade limitada e o empresário a que se refere o art. 966 da Lei no 10.406, de 10 de janeiro de 2002 (Código Civil), devidamente registrados no Registro de Empresas Mercantis ou no Registro Civil de Pessoas Jurídicas, conforme o caso, desde que: [...] § 4º Não poderá se beneficiar do tratamento jurídico diferenciado previsto nesta Lei Complementar, incluído o regime de que trata o art. 12 desta Lei Complementar, para nenhum efeito legal, a pessoa jurídica: I — de cujo capital participe outra pessoa jurídica; [...]" (BRASIL. Lei Complementar n. 123, de 14 de dezembro de 2006. Institui o Estatuto Nacional da Microempresa e da Empresa de Pequeno Porte; altera dispositivos das Leis no 8.212 e 8.213, ambas de 24 de julho de 1991, da Consolidação das Leis do Trabalho — CLT, aprovada pelo Decreto-Lei no 5.452, de 1o de maio de 1943, da Lei no 10.189, de 14 de fevereiro de 2001, da Lei Complementar no 63, de 11 de janeiro de 1990; e revoga as Leis no 9.317, de 5 de dezembro de 1996, e 9.841, de 5 de outubro de 1999. **Palácio do Planalto**

aparece como uma excelente alternativa em relação à obtenção de participação societária, visto não haver limitações para as *startups*, ao utilizarem desse instrumento, continuarem valendo-se do regime tributário do Simples Nacional.

Outro benefício reside no fato de que, tendo em vista que em um primeiro momento o investidor apenas emprestará o dinheiro, mas que sua possível entrada na sociedade ocorrerá posteriormente, o *valuation* da *startup* (avaliação a ser realizada para determinar o valor da sociedade antes do recebimento do investimento, e assim poder estabelecer a porcentagem da participação societária a que o investidor terá direito) pode não ser realizado de imediato, bastando no ato do empréstimo estabelecer a regra que será aplicada para avaliar o negócio quando da conversão do mútuo em participação societária.

A grande vantagem nesse ponto é que a avaliação, que na fase inicial é muito mais difícil de ser realizada devido à falta de dados concretos disponíveis para coleta, é postergada para um momento de maior maturação, possibilitando alcançar um resultado mais preciso e gerando uma agilidade maior na conclusão do investimento.

Ademais, a negociação e concretização do investimento por meio do contrato de mútuo conversível em participação societária tende a ser mais ágil e menos custosa, visto não haver a necessidade de registro do instrumento em nenhum órgão nem de alterar os atos societários da *startup*.[231]

A captação de recursos por essa forma também é vantajosa para a *startup* por, via de regra, envolver juros menores do que os aplicados em um empréstimo bancário, além de não ser comum haver a exigência de apresentação de garantias reais por parte da sociedade e/ou de seus sócios.[232]

E vale mencionar mais duas vantagens, uma para o fundador da *startup* e outra para o investidor.

Presidência da República, Brasília, DF, 14 dez. 2006. Disponível em: <http://www.planalto.gov.br/ccivil_03/Leis/lcp/lcp123.htm>. Acesso em: 03 jun. 2018).

231 Conforme: SANTANA, Leonardo. Mútuo conversível em participação — uma alternativa econômica e eficaz de captação de recursos. In: JÚDICE, Lucas Pimenta (coord.). **Direito das startups** — volume II. Curitiba: Juruá, 2017, p. 94.

232 Conforme: SANTANA, Leonardo. Mútuo conversível em participação — uma alternativa econômica e eficaz de captação de recursos. In: JÚDICE, Lucas Pimenta (coord.). **Direito das startups** — volume II. Curitiba: Juruá, 2017, p. 94-95.

Nessa forma de investimento, como o investidor não se torna sócio da sociedade no primeiro momento, em geral o sócio-fundador mantém uma maior autonomia na gestão do negócio em relação ao investimento por aquisição de participação societária.

Por outro lado, ao manter-se fora do quadro societário da *startup*, o investidor mitiga o risco de ser responsabilizado por qualquer ação tomada pelo fundador no negócio antes da conversão da dívida em participação societária e ainda tem a chance de tentar reaver o seu investimento, já que é um credor da sociedade e não um sócio (embora, na prática, quando ocorre esse cenário geralmente a sociedade não possui dinheiro para quitar suas dívidas e o investidor acaba não recuperando o valor investido — mas, ao menos, limita o seu prejuízo a esse valor, já que, salvo se houver o reconhecimento de uma sociedade em comum, não responderá pelas dívidas acumuladas pela *startup*).

4.3 Debêntures conversíveis em participação societária

As debêntures são uma espécie de valor mobiliário[233] e estão regulamentadas nos artigos 52 a 74 da Lei 6.404/1976.[234] Elas são uma alternativa para as companhias captarem crédito no mercado sem a necessidade de recorrerem a uma instituição financeira ou à emissão de novas ações, e conferem aos seus titulares (chamados de debenturistas) um direito de crédito contra a companhia emissora, de acordo com as condições estabelecidas na escritura de emissão de debêntures e, se houver, no certificado.[235]

233 Art. 2º São valores mobiliários sujeitos ao regime desta Lei: I — as ações, debêntures e bônus de subscrição; [...]" (BRASIL. Lei n. 6.385, de 07 de dezembro de 1976. Dispõe sobre o mercado de valores mobiliários e cria a Comissão de Valores Mobiliários. **Palácio do Planalto Presidência da República**, Brasília, DF, 07 dez. 1976. Disponível em: <http://www.planalto.gov.br/ccivil_03/Leis/L6385compilada.htm>. Acesso em: 22 mai. 2018)

234 BRASIL. Lei n. 6.404, de 15 de dezembro de 1976. Dispõe sobre as Sociedades por Ações. **Palácio do Planalto Presidência da República**, Brasília, DF, 15 dez. 1976. Disponível em: <http://www.planalto.gov.br/ccivil_03/leis/L6404consol.htm>. Acesso em: 22 mai. 2018.

235 "Art. 52. A companhia poderá emitir debêntures que conferirão aos seus titulares direito de crédito contra ela, nas condições constantes da escritura de emissão e, se houver, do certificado." (BRASIL. Lei n. 6.404, de 15 de dezembro de 1976. Dispõe sobre as Sociedades por Ações. **Palácio do Planalto Presidência da República**, Brasília, DF, 15 dez. 1976.

Como previsto no artigo 56 da Lei 6.404/76, a escritura de emissão pode estabelecer como remuneração aos debenturistas "juros, fixos ou variáveis, participação no lucro da companhia e prêmio de reembolso".[236]

Pelas características apresentadas acima, verifica-se que as debêntures se assemelham ao contrato de mútuo mercantil, com a particularidade de que, nesse caso, o valor total do mútuo é fracionado conforme o número de debêntures subscritas.[237]

No caso da utilização das debêntures como investimento em *startups*, interessa tratar das debêntures que preveem a possibilidade da sua conversibilidade em ações da companhia emissora.

Conforme esclarece Nelson Eizerik:

> As debêntures emitidas com a cláusula de conversibilidade em ações asseguram a seu titular a faculdade de ter os seus títulos convertidos em ações da companhia emitente, nas condições estabelecidas na escritura de emissão. Confere-se ao debenturista, assim, a opção de conservar a sua debênture até o vencimento ou de passar do *status* de credor a participante da sociedade, mediante a conversão das debêntures em ações. As bases de conversão, a espécie e a classe das ações em que poderá ser convertida, o prazo ou a época para o exercício do direito à conversão e as demais condições a que a conversão fique sujeita deverão estar estipuladas na escritura de emissão (artigo 57 da Lei das S.A.).
>
> [...]
>
> Em síntese, vislumbram-se nas debêntures conversíveis dois direitos: o de crédito e o de subscrição de ações da companhia emissora. [238]

Disponível em: <http://www.planalto.gov.br/ccivil_03/leis/L6404consol.htm>. Acesso em: 22 mai. 2018).

[236] "Art. 56. A debênture poderá assegurar ao seu titular juros, fixos ou variáveis, participação no lucro da companhia e prêmio de reembolso." (BRASIL. Lei n. 6.404, de 15 de dezembro de 1976. Dispõe sobre as Sociedades por Ações. **Palácio do Planalto Presidência da República**, Brasília, DF, 15 dez. 1976. Disponível em: <http://www.planalto.gov.br/ccivil_03/leis/L6404consol.htm>. Acesso em: 22 mai. 2018).

[237] Conforme: Eizerik, Nelson; Gaal, Ariádna B.; Parente, Flávia; Henriques, Marcus de Freitas. **Mercado de capitais** — regime jurídico. 2.ed. Rio de Janeiro: Renovar, 2008, p. 66.

[238] Eizerik, Nelson; Gaal, Ariádna B.; Parente, Flávia; Henriques, Marcus de Freitas. **Mercado de capitais** — regime jurídico. 2.ed. Rio de Janeiro: Renovar, 2008, p. 70-71.

Dessa explicação, é possível perceber, portanto, que as debêntures com a cláusula de conversibilidade em participação societária, em uma primeira análise, possuem certas características semelhantes ao contrato de mútuo conversível em participação societária, embora tenham as suas particularidades e um regramento específico a ser seguido.

4.3.1 *Principais pontos de atenção*

Haja vista a aparente proximidade existente entre as debêntures conversíveis em participação societária e o mútuo conversível, importante traçar as diferenças mais relevantes no momento de optar entre um ou outro para a formalização de um investimento em *startup*.

Enquanto o mútuo é um contrato que possui regramento legal enxuto[239] e a sua formalização depende apenas da celebração de um contrato particular, a debênture é instrumento com regramento mais complexo[240] e cuja emissão depende do cumprimento de diversos requisitos legais e formais, inclusive perante a Comissão de Valores Mobiliários.[241] Desta forma, a emissão de debêntures é um procedimento significativamente mais custoso e burocrático do que a celebração de um contrato de mútuo.

Por outro lado, o fato de as debêntures possuírem previsão legal da sua conversibilidade em participação societária pode ser tomado como uma vantagem em relação ao mútuo conversível, por eliminar a possibilidade de o investimento vir a ser caracterizado como uma sociedade em comum, o que poderia afetar o patrimônio pessoal do investidor, conforme já tratado na subseção 4.2.1.

[239] Cf. artigos 586 a 592 do Código Civil (BRASIL. Lei n. 10.406, de 10 de janeiro de 2002. Institui o Código Civil. **Palácio do Planalto Presidência da República**, Brasília, DF, 10 jan. 2002. Disponível em: <http://www.planalto.gov.br/CCivil_03/Leis/2002/L10406compilada.htm>. Acesso em: 22 mai. 2018).

[240] Cf. artigos 52 a 74 da Lei 6.404/1976 (BRASIL. Lei n. 6.404, de 15 de dezembro de 1976. Dispõe sobre as Sociedades por Ações. **Palácio do Planalto Presidência da República**, Brasília, DF, 15 dez. 1976. Disponível em: <http://www.planalto.gov.br/ccivil_03/leis/L6404consol.htm>. Acesso em: 22 mai. 2018).

[241] Conforme: FLACH, Pedro; SILVA, Layon Lopes da. Debêntures: o que são, sua regulamentação e utilização por sociedades limitadas. In: JÚDICE, Lucas Pimenta; NYBO, Erik Fontenele (coord.). **Direito das startups**. Curitiba: Juruá, 2016, p. 150.

Vale esclarecer, entretanto, que essa seria a única aparente vantagem da utilização das debêntures ao invés do mútuo, a qual é solucionável com a formalização de um contrato de mútuo conversível com redação cuidadosamente elaborada e sem prever direitos de sócios ao mutuante.

Ademais, as debêntures possuem uma questão de extrema relevância que as tornam não recomendável para a maioria das *startups*, qual seja, a insegurança jurídica de sua utilização em sociedades limitadas.

Enquanto as debêntures estão regulamentadas na lei das sociedades por ações,[242] as sociedades limitadas têm sua regulamentação no Código Civil,[243] não possuindo em referido regramento qualquer referência às debêntures.

Já houve tentativas de incluir na legislação a previsão da possibilidade de emissão de debêntures por sociedades limitadas,[244] porém até o momento não houve avanços nesse sentido.

A ausência de previsão legal que autorize as sociedades limitadas a emitirem debêntures e o fato de as debêntures estarem previstas em legislação que trata exclusivamente das sociedades por ações levam diversos juristas[245] a questionarem a possibilidade de emissão de debên-

[242] BRASIL. Lei n. 6 404, de 15 de dezembro de 1976. Dispõe sobre as Sociedades por Ações. **Palácio do Planalto Presidência da República**, Brasília, DF, 15 dez. 1976. Disponível em: <http://www.planalto.gov.br/ccivil_03/leis/L6404consol.htm>. Acesso em: 22 mai. 2018.

[243] BRASIL. Lei n. 10.406, de 10 de janeiro de 2002. Institui o Código Civil. **Palácio do Planalto Presidência da República**, Brasília, DF, 10 jan. 2002. Disponível em: <http://www.planalto.gov.br/CCivil_03/Leis/2002/L10406compilada.htm>. Acesso em: 22 mai. 2018.

[244] Como o Projeto de Lei n. 3324/20, ainda em tramitação, e a Medida Provisória n. 881/19 (em que essa previsão acabou sendo vetada ao longo do trâmite e não chegou a ser incluída na Lei n. 13.874/19, na qual referida Medida Provisória foi convertida) (Conforme: RUSSO, Ricardo Simões; RAMOS, Renato Holsback. **Emissão de debêntures por sociedade limitada**. 13 jul. 2020. Disponível em: <https://bit.ly/3SgSpMY> Acesso em: 27 jul. 2022).

[245] Nesse sentido, cf.: **(a)** BORBA, José Edwaldo Tavares. **Direito societário**. 13.ed. rev. e atual. Rio de Janeiro: Renovar, 2012, p. 129 e 296; **(b)** ABRÃO, Nelson. **Sociedades limitadas**. 10.ed. rev., atual. e ampl. São Paulo: Saraiva, 2012, p. 54; **(c)** LUCENA, José Waldecy. Das sociedades limitadas. 6.ed. Rio de Janeiro: Renovar, 2005, p. 308 apud FLACH, Pedro; SILVA, Layon Lopes da. Debêntures: o que são, sua regulamentação e utilização por sociedades limitadas. In: JÚDICE, Lucas Pimenta; NYBO, Erik Fontenele (coord.). **Direito das startups**. Curitiba: Juruá, 2016, 151; e **(d)** MATTOS FILHO, Ary Oswaldo. **Direito dos Valores Mobiliários** (Volume 1 — Dos Valores Mobiliários. Tomo 2). Rio de Janeiro: FGV, 2015, p.13.

tures por sociedades limitadas. No mesmo sentido já se manifestaram inclusive a Junta Comercial do Estado de São Paulo[246] e a Junta Comercial do Estado do Rio de Janeiro.[247]

É importante mencionar que há também o posicionamento contrário,[248] o qual defende que as sociedades limitadas poderiam emitir debêntures, tendo em vista: (a) não haver vedação legal para a emissão de debêntures por sociedades limitadas, (b) o fato de essa espécie societária poder ser regida supletivamente pela lei da sociedade anônima[249] e (c) não haver vedação expressa da Comissão de Valores Mobiliários (órgão responsável por disciplinar e fiscalizar a emissão de debêntures).[250]

Em que pese haja argumentos favoráveis à emissão de debêntures por sociedades limitadas, parece bastante inseguro optar por tentar fazê-lo, considerando-se que não há até o momento uma corrente majoritária favorável e havendo inclusive posicionamentos contrários por parte das Juntas Comerciais.

Dessa forma, a tentativa de operacionalizar essa emissão, além de ter alto custo e questões burocráticas, poderia gerar um grande mal-estar

[246] Conforme: SÃO PAULO. **Junta Comercial do Estado de São Paulo**. Ata da Sessão Plenária da JUCESP n. 047/2012, ordinária. Data: 26 jun. 2012. Disponível em: <https://bit.ly/2PrHZcM>. Acesso em: 21 ago. 2018.

[247] Conforme: RIO DE JANEIRO. **Junta Comercial do Estado do Rio de Janeiro**. Processo n. 07-2012/232000-0. Julgador: Gustavo Tavares Borba. Órgão julgador: Procuradoria Regional da JUCERJA. Data: 28 ago. 2012. Disponível em: <https://bit.ly/2L9fEop>. Acesso em: 21 ago. 2018.

[248] Nesse sentido, cf.: **(a)** Pitta, Andre Grünspun. A possibilidade de emissão de debêntures por sociedade limitada regida supletivamente pela lei das sociedades por ações. In: Azevedo, Luís André N. de Moura; Castro, Rodrigo R. Monteiro de (coord.). **Sociedade limitada contemporânea**. São Paulo: Quartier Latin, 2013, p. 515-530; e **(b)** Veiga, Marcelo Godke; Oioli, Erik Frederico. As sociedades limitadas e o mercado de capitais. In: Azevedo, Luís André N. de Moura; Castro, Rodrigo R. Monteiro de (coord.). **Sociedade limitada contemporânea**. São Paulo: Quartier Latin, 2013, p. 650-653.

[249] "Art. 1.053. A sociedade limitada rege-se, nas omissões deste Capítulo, pelas normas da sociedade simples. Parágrafo único. O contrato social poderá prever a regência supletiva da sociedade limitada pelas normas da sociedade anônima." (BRASIL. Lei n. 10.406, de 10 de janeiro de 2002. Institui o Código Civil. **Palácio do Planalto Presidência da República**, Brasília, DF, 10 jan. 2002. Disponível em: <http://www.planalto.gov.br/CCivil_03/Leis/2002/L10406compilada.htm>. Acesso em: 22 mai. 2018)

[250] Conforme: Flach, Pedro; Silva, Layon Lopes da. Debêntures: o que são, sua regulamentação e utilização por sociedades limitadas. In: Júdice, Lucas Pimenta; Nybo, Erik Fontenele (coord.). **Direito das startups**. Curitiba: Juruá, 2016, p. 152-154.

com o investidor e atraso no recebimento do investimento por parte da *startup*, em caso de exigências e impedimentos apontados pela Junta Comercial responsável pelo registro.

Tendo em vista que a grande maioria das *startups*, ao menos inicialmente, opta pela estruturação por meio de uma sociedade limitada, na dúvida entre a concretização do investimento via contrato de mútuo conversível em participação societária ou via debêntures com a cláusula de conversibilidade em participação societária, parece ser mais apropriada a primeira das opções.

4.3.2 *Fases de investimento mais propícias e razões para a sua utilização*

Considerando a conclusão alcançada no item anterior, a utilização de debêntures conversíveis em participação societária não é recomendada nas fases iniciais das *startups*, visto que elas provavelmente estarão constituídas na forma de sociedades limitadas, bem como o custo elevado e burocracia envolvida.

Somente parece viável a emissão de debêntures como meio de captação de investimento por *startups* que estão estruturadas na forma de sociedades anônimas e no caso de investimentos de valores mais elevados, que justifiquem o gasto gerado por referida emissão (o que geralmente ocorre apenas em fases de maior maturação das *startups*).

De qualquer maneira, ainda assim as demais possibilidades de formalização de investimentos apontadas nesta seção 4 podem ser mais interessantes, sendo que a utilização de debêntures poderia vir a ser considerada se fosse uma exigência do investidor.

4.4 Opção de compra de participação societária

Antes de abordar especificamente a opção de compra de participação societária, é necessário definir a opção de compra em si.

Nas palavras de Tatiana Bonatti Peres:

> A opção de compra é o direito conferido pelo proprietário de um bem (o bem opcionado), o qual chamaremos de outorgante, a uma outra pessoa, que chamaremos de beneficiário ou titular do direito de opção; consistindo tal direito na faculdade de concluir ou não, de forma unilateral e mediante simples manifestação de vontade, durante o prazo esta-

belecido, um contrato de compra e venda do bem opcionado (podendo tal contrato ser preliminar ou definitivo), conforme o conteúdo previamente definido.[251]

A opção de compra é, portanto, um contrato, por meio do qual uma pessoa (física ou jurídica) concede a outra o direito de, em um momento futuro, optar ou não por adquirir um bem, por um valor prefixado e seguindo condições ou termo preestabelecidos.

Vale dizer que não há no Brasil um regramento específico acerca da opção de compra, sendo este um contrato atípico, cuja celebração é possível pela liberdade de contratar estabelecida no artigo 425 do Código Civil.[252-253]

Há alguns anos, o contrato de opção, já amplamente utilizado para diversas finalidades, passou a ser enxergado também como uma alternativa para a formalização de investimentos em *startups*.

No caso das *startups*, o investidor aporta determinada quantia na sociedade investida e recebe em troca o direito de exercer uma opção de compra de certa participação societária (essa participação pode ser concedida por um sócio-fundador, por meio de cessão de quotas/ações já existentes, ou pode haver a emissão de novas quotas/ações da *startup* para serem subscritas e integralizadas pelo investidor, hipótese na qual o contrato é conhecido também como opção de subscrição de participação societária). Desta forma, no momento em que o investidor julgar adequado (respeitadas as previsões estabelecidas em contrato), ele exerce a sua opção, adquirindo a participação societária prevista em contrato por um valor simbólico previamente estabelecido.[254]

É válido neste momento esclarecer uma particularidade do contrato de opção utilizado para investimento em *startups* em relação aos demais

[251] Peres, Tatiana Bonatti. **Opção de compra**. Curitiba: Juruá, 2011, p. 19.

[252] "Art. 425. É lícito às partes estipular contratos atípicos, observadas as normas gerais fixadas neste Código." (BRASIL. Lei n. 10.406, de 10 de janeiro de 2002. Institui o Código Civil. **Palácio do Planalto Presidência da República**, Brasília, DF, 10 jan. 2002. Disponível em: <http://www.planalto.gov.br/CCivil_03/Leis/2002/L10406compilada.htm>. Acesso em: 22 mai. 2018)

[253] Conforme: Peres, Tatiana Bonatti. **Opção de compra**. Curitiba: Juruá, 2011, p. 17.

[254] Conforme: Júdice, Lucas Pimenta. Qual o melhor instrumento de investimento para você, seja empreendedor ou investidor? In: _______ (coord.). **Direito das startups** — volume II. Curitiba: Juruá, 2017, p. 64.

contratos de opção. Nos contratos de opção tradicionais,[255] o valor pago para adquirir o direito de opção é, via de regra, muito inferior ao valor pago para o exercício da opção, visto que o adquirente deste direito está pagando apenas pela opção e não pelo bem ao qual poderá optar pela aquisição ou não em momento futuro.[256] Quando utilizado para a realização de aportes financeiros em *startup*, por outro lado, o valor pago para adquirir a opção é o verdadeiro investimento, tendo em vista a necessidade premente do recebimento do aporte. Assim, a quantia desembolsada pelo investidor para exercer o seu direito acaba por ser um valor apenas simbólico, porquanto o verdadeiro pagamento para a aquisição da participação societária ocorreu no início.

A utilização do contrato de opção de compra de participação societária tem como objetivo tentar proteger o patrimônio do investidor dos eventuais passivos da *startup* (já que antes de exercer a opção este não se torna sócio da sociedade investida), sem criar uma dívida para a *startup* (visto que, caso o investidor não exerça a opção, ele não terá direito a receber o investimento de volta), como aconteceria, por exemplo, caso o investimento ocorresse por meio de um mútuo conversível em participação societária.[257]

Nessa forma de investimento, via de regra as partes estabelecem, além de uma data limite predefinida para que o investidor exerça ou não a opção de aquisição de participação societária (termo), certas situações nas quais o investidor poderá exercer antecipadamente o seu direito (condições), como, por exemplo, no caso de recebimento de novos investimentos ou de uma proposta de venda da *startup* (no todo ou em

[255] A título exemplificativo: (a) opção de compra de ações no mercado mobiliário; (b) opção de compra de imóvel para futuro empreendimento em que será necessário estudo prévio de viabilidade; (c) opção de compra de bem de valor elevado, quando o comprador está momentaneamente descapitalizado, para garantir o direito de compra em momento futuro; (d) opção e compra de *commodity* etc. (Conforme: **(a)** Peres, Tatiana Bonatti. **Opção de compra**. Curitiba: Juruá, 2011, p. 96-97; e **(b)** Neves, Renato Ourives. **Opções de compra e de venda**: call e put. Belo Horizonte: Del Rey, 2016, p.26-27).

[256] Eventualmente, as partes contratantes até mesmo acordam que a concessão do direito de opção seja graciosa, havendo onerosidade apenas em relação ao exercício da opção.

[257] Conforme: Júdice, Lucas Pimenta. Qual o melhor instrumento de investimento para você, seja empreendedor ou investidor? In: _______ (coord.). **Direito das startups** — volume II. Curitiba: Juruá, 2017, p. 64.

parte), na hipótese de os sócios decidirem transformar a sociedade em uma sociedade anônima, dentre outras.[258]

4.4.1 *Principais pontos de atenção*

No investimento via opção de compra de participação societária, o investidor somente poderá adquirir direitos exclusivos de sócios após exercer a sua opção e passar a figurar no quadro societário da *startup*. Antes disso, assim como ocorre no contrato de mútuo conversível em participação societária, o investidor não terá ingerência na sociedade investida.

Qualquer tentativa de conceder direitos de sócio ao investidor enquanto este não fizer parte do quadro societário poderá gerar o reconhecimento de uma sociedade em comum, hipótese na qual o investidor seria obrigado a responder com seu patrimônio próprio pelas obrigações assumidas pela sociedade investida.

Outra questão de extrema relevância é a necessidade de realizar previamente uma análise tributária para entender se essa forma de investimento é vantajosa para o caso específico. Isso porque, como o aporte maior é realizado como pagamento pela aquisição do direito de opção, a compra da participação societária no momento do exercício é registrada geralmente por um valor simbólico. Desta forma, o investidor terá que declarar a aquisição das quotas ou ações por um valor muito inferior ao realmente pago. Como consequência, quando o investidor decidir vender a participação societária adquirida, haverá um substancial ganho de capital a ser pago a título de imposto de renda, pois esse cálculo levará em conta o valor registrado da aquisição das quotas ou ações e não o valor integral do investimento realizado.[259-260]

[258] Conforme: Coelho, Giulliano Tozzi; Garrido, Luiz Gustavo. Dissecando o contrato entre startups e investidores anjo. In: Júdice, Lucas Pimenta; Nybo, Erik Fontenele (coord.). **Direito das startups**. Curitiba: Juruá, 2016, p. 122-123.

[259] Conforme: Júdice, Lucas Pimenta. Qual o melhor instrumento de investimento para você, seja empreendedor ou investidor? In: _______ (coord.). **Direito das startups** — volume II. Curitiba: Juruá, 2017, p. 67.

[260] Há quem defenda ser possível registrar como preço de aquisição das quotas ou ações a soma do valor pago para a aquisição do direito de opção com o valor pago para o exercício da opção, reduzindo assim o ganho de capital no momento da venda da participação societária. Como essa é uma questão tributária e contábil, foge do escopo deste livro e não será aprofundada por aqui. Porém, vale mencionar que, no caso das sociedades limitadas, caso se esteja falando da opção de subscrição de novas quotas, registrar a operação pela soma dos

Há, ainda, uma dificuldade a ser superada na forma adequada de contabilizar o aporte realizado pela compra do direito de opção, visto que ele não pode ser computado como integralização do capital social (por não ter havido aquisição de participação no primeiro momento) nem como dívida (por não se tratar de um mútuo).[261-262]

Por fim, vale mencionar a importância de, ao negociar as cláusulas do contrato de opção de compra de participação societária, prever também as bases do acordo de sócios que será celebrado caso o investidor exerça a opção adquirida, visando assim resguardar as partes de atrasos no momento da formalização da entrada do investidor no quadro societário por eventuais impasses facilmente evitáveis se negociados antecipadamente.

4.4.2 *Fases de investimento mais propícias e razões para a sua utilização*

Assim como o contrato de mútuo conversível, é possível utilizar-se do contrato de opção de compra em participação societária em qualquer ponto de maturação da *startup*, sendo, entretanto, mais comum a sua utilização em fases mais incipientes, visando a proteção do patrimônio do investidor.

Os empreendedores veem esse contrato de maneira positiva por receberem um investimento sem assumir uma dívida (visto que o investidor fez seu aporte para comprar o direito de opção e não como empréstimo) e sem conceder uma participação societária desde o início ao investidor, garantindo assim uma maior liberdade na tomada de

valores implicará em elevar o valor e, consequentemente, a quantidade de quotas subscritas, o que ocasionará o aumento da porcentagem de participação societária adquirida pelo investidor.

261 Conforme: Júdice, Lucas Pimenta. Qual o melhor instrumento de investimento para você, seja empreendedor ou investidor? In: _______ (coord.). **Direito das startups** — volume II. Curitiba: Juruá, 2017, p. 64.

262 Há quem defenda a possibilidade de registrar o aporte pela compra do direito de opção como adiantamento para futuro aumento de capital (AFAC). Porém, a figura do AFAC é diferente da compra de um direito de opção. No AFAC, além de outras limitações, há a obrigação do aporte ser convertido em aumento de capital, não tendo o investidor a discricionariedade de optar ou não por isso (diferente do que ocorre no contrato de opção de compra de participação societária). Por essa razão, entendemos não ser a forma adequada de tratar a questão.

decisões estratégicas da sociedade enquanto o investidor não exercer seu direito de tornar-se sócio da *startup*.

Os investidores, por sua vez, têm no contrato de opção uma segurança maior para o seu patrimônio pessoal em relação à aquisição de participação societária desde o início. Por outro lado, costumam preferir o contrato de mútuo conversível em participação societária, visto que no contrato de opção não terão como reaver o investimento caso não desejem exercer a opção de compra da participação societária.

Em relação à obtenção direta de participação societária, o investimento via contrato de opção tem a vantagem de ser menos custoso e menos burocrático, por não exigir qualquer forma de registro nem alteração dos atos societários em seu momento inicial.

Ademais, assim como ocorre no mútuo conversível, o fato de na opção de compra de participação societária o investidor não se tornar em um primeiro momento sócio da *startup* faz desse tipo de investimento uma alternativa à obtenção direta de participação societária para evitar que a *startup* que estiver constituída na forma de sociedade limitada e beneficie-se do regime tributário do Simples Nacional perca esse benefício com a entrada em seu quadro societário de uma sócia pessoa jurídica.[263]

[263] "Art. 3º Para os efeitos desta Lei Complementar, consideram-se microempresas ou empresas de pequeno porte, a sociedade empresária, a sociedade simples, a empresa individual de responsabilidade limitada e o empresário a que se refere o art. 966 da Lei no 10.406, de 10 de janeiro de 2002 (Código Civil), devidamente registrados no Registro de Empresas Mercantis ou no Registro Civil de Pessoas Jurídicas, conforme o caso, desde que: [...] § 4º Não poderá se beneficiar do tratamento jurídico diferenciado previsto nesta Lei Complementar, incluído o regime de que trata o art. 12 desta Lei Complementar, para nenhum efeito legal, a pessoa jurídica: I — de cujo capital participe outra pessoa jurídica; [...]" (BRASIL. Lei Complementar n. 123, de 14 de dezembro de 2006. Institui o Estatuto Nacional da Microempresa e da Empresa de Pequeno Porte; altera dispositivos das Leis no 8.212 e 8.213, ambas de 24 de julho de 1991, da Consolidação das Leis do Trabalho — CLT, aprovada pelo Decreto-Lei no 5.452, de 1o de maio de 1943, da Lei no 10.189, de 14 de fevereiro de 2001, da Lei Complementar no 63, de 11 de janeiro de 1990; e revoga as Leis no 9.317, de 5 de dezembro de 1996, e 9.841, de 5 de outubro de 1999. **Palácio do Planalto Presidência da República**, Brasília, DF, 14 dez. 2006. Disponível em: <http://www.planalto.gov.br/ccivil_03/Leis/lcp/lcp123.htm>. Acesso em: 03 jun. 2018).

4.4.3 *Vesting*

É válido neste ponto aproveitar para abordar o *vesting*, tendo em vista ser este também um tipo de investimento[264] formalizado por meio de contrato de opção de compra de participação societária.

O *vesting* pode ser definido como um negócio jurídico por meio do qual é oferecido a alguém o direito de adquirir, de forma progressiva e mediante o cumprimento de certas métricas pré-estabelecidas, uma determinada participação societária de uma empresa.[265]

Trata-se de um instituto muito utilizado pelas *startups* com o objetivo de tentar preservar no negócio os seus colaboradores mais importantes, visto que dificilmente elas têm condições financeiras de oferecer remuneração competitiva. Por colaboradores, pode-se entender tanto funcionários, quanto prestadores de serviços e até mesmo sócios.

Além de ajudar a reter indivíduos fundamentais para o desenvolvimento da *startup*, o *vesting* gera também o benefício de servir como estímulo, trazendo motivação adicional para que aquele que faz jus aos direitos atribuídos pelo *vesting* desempenhe suas obrigações com mais afinco, pois será diretamente afetado pelos resultados da *startup* a partir do momento em que exercer o seu direito.

Há dois tipos de *vesting*, o tradicional e o invertido.

No tradicional, geralmente formalizado por meio de um contrato de opção de compra de participação societária, é concedido ao beneficiário do *vesting* o direito de, cumprindo as condições pré-estabelecidas, poder optar pela aquisição de uma certa quantidade de quotas ou ações da sociedade (dependendo do tipo societário em que a *startup* estiver constituída).

No *vesting* invertido, por sua vez, o beneficiário já no momento inicial torna-se sócio da *startup*, adquirindo quotas ou ações. Nessa forma também costuma ser celebrado um contrato de opção de compra de participação societária, porém este não será em favor do beneficiário do

[264] Embora não resulte em um aporte financeiro direto na *startup*, o *vesting* não deixa de ser uma forma de investimento. Isto porque, por meio dele, a *startup* investe na qualificação de sua equipe e manutenção de seus colaboradores mais relevantes, o que é fundamental para viabilizar o sucesso do negócio.

[265] Conforme: Chinaite, Carlos Eduardo de Sousa; Wuo, Fábio Soares. Apontamentos sobre vesting no Brasil. In: Rezende, Luiza (org.). **Direito para empreendedores**. São Paulo: Évora, 2016, p. 29.

vesting, mas sim em favor dos demais sócios da sociedade ou da própria *startup*. Nesse caso, igualmente deverão ser estipuladas condições a serem cumpridas pelo colaborador ao qual foi atribuído o *vesting*. Caso o colaborador não as cumpra, os demais sócios da sociedade ou a própria sociedade terão o direito de recomprar a participação do colaborador, o retirando total ou parcialmente do quadro societário.

As condições a serem cumpridas pelo beneficiário do *vesting*, tanto na forma tradicional quanto na invertida, podem ser atreladas ao tempo que o beneficiário permanecer vinculado à *startup*, ao cumprimento de metas de desempenho, a ambos somados ou o que mais for estabelecido entre as partes. O importante é que sejam condições possíveis, para não desestimular o colaborador, e que sejam previstas de maneira objetiva, evitando discussões que poderiam surgir por dúvidas de interpretação.

Também não há uma regra específica em relação ao momento em que o colaborador poderá exercer o direito de aquisição de parcela da participação societária. Há casos em que as partes estabelecem que o exercício poderá ocorrer de forma parcelada (por exemplo, a cada seis meses ou a cada cumprimento de uma certa meta). Por outro lado, em outras situações, prevê-se que, embora o colaborador tenha direito a certa parcela a cada métrica atingida, o exercício somente poderá ocorrer ao término do contrato. Existem ainda situações em que o exercício pode ser antecipado caso haja algum evento de liquidez (por exemplo, alteração no controle societário, abertura de capital, reestruturação societária, entre outras).

Independentemente da forma de aquisição, é muito comum haver um período inicial de carência, o qual, caso não seja cumprido, implicará na impossibilidade de exercício de opção de compra de qualquer participação societária ou então na perda de toda a parcela adquirida de início (no caso do *vesting* invertido). Esse período, conhecido como *cliff* e que geralmente corresponde a um ano, tem o objetivo de manter o colaborador na *startup* por ao menos um certo tempo, evitando assim conceder uma participação societária para alguém que deixará a sociedade sem ter gerado o benefício mínimo desejado.[266]

[266] Conforme: Júdice, Lucas Pimenta; Nybo, Erik Fontenele. Natureza jurídica do vesting: como uma tradução errada pode acabar com o futuro tributário e trabalhista de uma startup. In: _______ (coord.). **Direito das startups**. Curitiba: Juruá, 2016, p. 40.

No caso do *vesting* tradicional, é comum, ainda, estabelecer que a *startup* poderá recomprar a participação já adquirida pelo beneficiário caso este não permaneça vinculado à sociedade até o término do prazo de vigência do *vesting*. Essa previsão é importante para evitar que aquele que está saindo da sociedade permaneça como sócio, retendo parte da participação societária que poderia ser direcionada para outros beneficiários de *vesting* ou mesmo para um investidor.[267]

Outros pontos muito importantes de serem previstos contratualmente são: (a) o valor que será pago pelo beneficiário do *vesting* para exercer a opção de compra de sua participação ou a forma deste ser calculado (a opção não deve ser exercida gratuitamente, sob risco de ser entendida como parte da remuneração e sobre ela incidirem encargos trabalhistas); (b) o valor que o beneficiário terá direito no caso de recompra da participação societária por parte da *startup* ou a sua forma de cálculo; (c) os direitos e deveres que serão atribuídos ao beneficiário (via acordo de sócios) caso este torne-se sócio da *startup*, para evitar que questões sensíveis deixem para ser estabelecidas após a entrada do novo sócio no quadro societário.

Em relação ao preço a ser pago pelo beneficiário do *vesting* no momento do exercício da opção de compra de participação societária, este não pode ser irrisório, porém deverá ser mais interessante do que o preço efetivo de mercado, para que haja um real benefício.

Por fim, é importante esclarecer que, no caso de empregados que sejam beneficiários de um *vesting*, a partir do momento em que for exercido o direito de obter uma parcela da participação societária, estes não mais poderão ser tratados como empregados, pois passarão a ser sócios da *startup*, não sendo possível cumular as duas posições, por serem estas incompatíveis entre si. E não basta, para tanto, apenas formalizar a alteração da posição de empregado para sócio. É preciso que verdadeiramente a pessoa deixe de ser tratada como funcionária, sob pena de a operação ser declarada nula sob o entendimento de ser uma tentativa de fraude a direitos trabalhistas.[268]

[267] Conforme: Júdice, Lucas Pimenta; Nybo, Erik Fontenele. Natureza jurídica do vesting: como uma tradução errada pode acabar com o futuro tributário e trabalhista de uma startup. In: _______ (coord.). **Direito das startups**. Curitiba: Juruá, 2016, p. 41.

[268] Conforme: Chinaite, Carlos Eduardo de Sousa; Wuo, Fábio Soares. Apontamentos sobre vesting no Brasil. In: Rezende, Luiza (org.). **Direito para empreendedores**. São Paulo: Évora, 2016, p. 32.

4.5 Contrato de participação

Conforme já mencionado anteriormente, o investidor-anjo é geralmente o responsável pelo primeiro investimento realizado em *startups* por terceiros que estão fora do círculo íntimo dos empreendedores (amigos e familiares).[269]

Haja vista que os investidores-anjo, via de regra, preferem em um primeiro momento não se tornar sócios das *startups*, para assim protegerem os seus patrimônios pessoais dos passivos da sociedade investida, e que em alguns casos os empreendedores são avessos ao recebimento do investimento por meio do mútuo conversível em participação societária, devido ao passivo assumido pelo empréstimo, tanto investidores como empreendedores têm procurado formas alternativas de formalizar esse tipo de investimento.

Com o objetivo de criar essa alternativa e buscando trazer segurança jurídica para ela, em outubro de 2016 foi promulgada a Lei Complementar 155,[270] que, entre outras coisas, apresentou alterações à Lei Complementar 123,[271] regulamentando o contrato de participação.

O contrato de participação criado pela Lei Complementar 155 pode ser utilizado exclusivamente para investimentos em sociedades que possuem o enquadramento de microempresa ou empresa de pequeno porte, e tem a particularidade de que o valor aportado não integra o capital social da sociedade investida (artigo 61-A, *caput*). O investidor — que

[269] Embora possa ocorrer de startups conseguirem aportes por parte de fundos de investimento ou via crowdfunding de investimento sem ter antes obtido um investimento-anjo.

[270] BRASIL. Lei Complementar n. 155, de 27 de outubro de 2016. Altera a Lei Complementar no 123, de 14 de dezembro de 2006, para reorganizar e simplificar a metodologia de apuração do imposto devido por optantes pelo Simples Nacional; altera as Leis nos 9.613, de 3 de março de 1998, 12.512, de 14 de outubro de 2011, e 7.998, de 11 de janeiro de 1990; e revoga dispositivo da Lei no 8.212, de 24 de julho de 1991. **Palácio do Planalto Presidência da República**, Brasília, DF, 27 out. 2016. Disponível em: <http://www.planalto.gov.br/ccivil_03/Leis/lcp/Lcp155.htm>. Acesso em: 03 jun. 2018.

[271] BRASIL. Lei Complementar n. 123, de 14 de dezembro de 2006. Institui o Estatuto Nacional da Microempresa e da Empresa de Pequeno Porte; altera dispositivos das Leis no 8.212 e 8.213, ambas de 24 de julho de 1991, da Consolidação das Leis do Trabalho — CLT, aprovada pelo Decreto-Lei no 5.452, de 1o de maio de 1943, da Lei no 10.189, de 14 de fevereiro de 2001, da Lei Complementar no 63, de 11 de janeiro de 1990; e revoga as Leis no 9.317, de 5 de dezembro de 1996, e 9.841, de 5 de outubro de 1999. **Palácio do Planalto Presidência da República**, Brasília, DF, 14 dez. 2006. Disponível em: <http://www.planalto.gov.br/ccivil_03/Leis/lcp/lcp123.htm>. Acesso em: 03 jun. 2018.

pode ser pessoa física, pessoa jurídica ou fundo de investimento, e é denominado pela lei como investidor-anjo (artigo 61-A, § 2º) — não é considerado sócio e não responde pelas dívidas da sociedade (mesmo em caso de desconsideração da personalidade jurídica), mas em contrapartida não tem direito a gerência nem pode votar na administração, embora possa participar nas deliberações em caráter estritamente consultivo, conforme for acordado em contrato (artigo 61-A, § 4º, I e II). Ele tem direito a ser remunerado por meio dos resultados distribuídos ao final de cada período (artigo 61-A, § 6º, I), pelo prazo máximo de sete anos (artigo 61-A, § 4º, III), sendo que a vigência do contrato não pode ser superior a sete anos (artigo 61-A, § 1º). O investidor tem direito de resgate, o qual pode ser exercido após ao menos dois anos da realização do aporte, sendo que os haveres a que faz jus não podem superar o valor do investimento realizado corrigido por índice estabelecido em contrato (artigo 61-A, § 7º). Desde que previsto em contrato, o aporte feito pelo investidor pode ser convertido em participação societária (artigo 61-A, § 6º, II).[272]

[272] "Art. 61-A. Para incentivar as atividades de inovação e os investimentos produtivos, a sociedade enquadrada como microempresa ou empresa de pequeno porte, nos termos desta Lei Complementar, poderá admitir o aporte de capital, que não integrará o capital social da empresa. § 1º As finalidades de fomento a inovação e investimentos produtivos deverão constar do contrato de participação, com vigência não superior a sete anos. § 2º O aporte de capital poderá ser realizado por pessoa física, por pessoa jurídica ou por fundos de investimento, conforme regulamento da Comissão de Valores Mobiliários, que serão denominados investidores-anjos. [...] § 4º O investidor-anjo: I — não será considerado sócio nem terá qualquer direito a gerência ou a voto na administração da empresa, resguardada a possibilidade de participação nas deliberações em caráter estritamente consultivo, conforme pactuação contratual; II — não responderá por qualquer dívida da empresa, inclusive em recuperação judicial, não se aplicando a ele o art. 50 da Lei no 10.406, de 10 de janeiro de 2002 — Código Civil; III — será remunerado por seus aportes, nos termos do contrato de participação, pelo prazo máximo de 7 (sete) anos; IV — poderá exigir dos administradores as contas justificadas de sua administração e, anualmente, o inventário, o balanço patrimonial e o balanço de resultado econômico; e V — poderá examinar, a qualquer momento, os livros, os documentos e o estado do caixa e da carteira da sociedade, exceto se houver pactuação contratual que determine época própria para isso. [...] § 6º As partes contratantes poderão: I — estipular remuneração periódica, ao final de cada período, ao investidor-anjo, conforme contrato de participação; ou II — prever a possibilidade de conversão do aporte de capital em participação societária. § 7º O investidor-anjo somente poderá exercer o direito de resgate depois de decorridos, no mínimo, 2 (dois) anos do aporte de capital, ou prazo superior estabelecido no contrato de participação, e seus haveres serão pagos na forma prevista no

Ao investidor é garantido, ainda, direito de preferência e "direito de venda conjunta da titularidade do aporte de capital" [273] na hipótese de os sócios da sociedade investida optarem pela alienação de suas participações.

O investimento via contrato de participação por fundos de investimento deve seguir regulamentação da Comissão de Valores Mobiliários (CVM).[274]

4.5.1 *Principais pontos de atenção*

Para valer-se dos benefícios atribuídos pela Lei Complementar 155 mencionados acima, é fundamental que o contrato de participação

art. 1.031 da Lei n. 10.406, de 10 de janeiro de 2002 (Código Civil), não permitido ultrapassar o valor investido devidamente corrigido por índice previsto em contrato. [...]" (BRASIL. Lei Complementar n. 123, de 14 de dezembro de 2006. Institui o Estatuto Nacional da Microempresa e da Empresa de Pequeno Porte; altera dispositivos das Leis no 8.212 e 8.213, ambas de 24 de julho de 1991, da Consolidação das Leis do Trabalho — CLT, aprovada pelo Decreto-Lei no 5.452, de 1º de maio de 1943, da Lei no 10.189, de 14 de fevereiro de 2001, da Lei Complementar no 63, de 11 de janeiro de 1990; e revoga as Leis no 9.317, de 5 de dezembro de 1996, e 9.841, de 5 de outubro de 1999. **Palácio do Planalto Presidência da República**, Brasília, DF, 14 dez. 2006. Disponível em: <http://www.planalto.gov.br/ccivil_03/Leis/lcp/lcp123.htm>. Acesso em: 27 jul. 2022)

[273] "Art. 61-C. Caso os sócios decidam pela venda da empresa, o investidor-anjo terá direito de preferência na aquisição, bem como direito de venda conjunta da titularidade do aporte de capital, nos mesmos termos e condições que forem ofertados aos sócios regulares." (BRASIL. Lei Complementar n. 123, de 14 de dezembro de 2006. Institui o Estatuto Nacional da Microempresa e da Empresa de Pequeno Porte; altera dispositivos das Leis no 8.212 e 8.213, ambas de 24 de julho de 1991, da Consolidação das Leis do Trabalho — CLT, aprovada pelo Decreto-Lei no 5.452, de 1o de maio de 1943, da Lei no 10.189, de 14 de fevereiro de 2001, da Lei Complementar no 63, de 11 de janeiro de 1990; e revoga as Leis no 9.317, de 5 de dezembro de 1996, e 9.841, de 5 de outubro de 1999. **Palácio do Planalto Presidência da República**, Brasília, DF, 14 dez. 2006. Disponível em: <http://www.planalto.gov.br/ccivil_03/Leis/lcp/lcp123.htm>. Acesso em: 03 jun. 2018)

[274] "Art. 61-D. Os fundos de investimento poderão aportar capital como investidores-anjos em microempresas e empresas de pequeno porte, conforme regulamentação da Comissão de Valores Mobiliários." (BRASIL. Lei Complementar n. 123, de 14 de dezembro de 2006. Institui o Estatuto Nacional da Microempresa e da Empresa de Pequeno Porte; altera dispositivos das Leis no 8.212 e 8.213, ambas de 24 de julho de 1991, da Consolidação das Leis do Trabalho — CLT, aprovada pelo Decreto-Lei no 5.452, de 1o de maio de 1943, da Lei no 10.189, de 14 de fevereiro de 2001, da Lei Complementar no 63, de 11 de janeiro de 1990; e revoga as Leis no 9.317, de 5 de dezembro de 1996, e 9.841, de 5 de outubro de 1999. **Palácio do Planalto Presidência da República**, Brasília, DF, 14 dez. 2006. Disponível em: <http://www.planalto.gov.br/ccivil_03/Leis/lcp/lcp123.htm>. Acesso em: 27 jul. 2022)

contemple todos os requisitos previstos nos artigos 61-A a 61-C da Lei Complementar 123. A ausência ou contrariedade a qualquer um dos requisitos legais pode descaracterizar o contrato de participação e levar à perda dos benefícios legais, o que representaria grande ameaça principalmente ao investidor, em razão do risco de não ter assegurada a blindagem patrimonial garantida por essa forma de investimento.

Outro ponto de extrema relevância é de cunho tributário. Conforme previsto no artigo 61-A, § 10º, da Lei Complementar 123,[275] cabe ao Ministério da Fazenda regulamentar a tributação incidente na retirada do capital investido. Essa regulamentação foi realizada por meio da Instrução Normativa RFB N. 1719, de 19 de julho de 2017,[276] conforme esclarece Eduardo Moretti:

> [...] a mencionada normativa — alvo de muitas críticas por parte da doutrina especializada — estipulou 3 hipóteses em que deve ocorrer a incidência de imposto sobre a renda no investimento-anjo: (a) pela participação periódica nos resultados da sociedade em que aportou o capital (art. 61-A, §§ 4º e 6º, LC 155/2016) (b) pelo ganho na alienação dos direitos do contrato de participação (art. 61-A, §§ 8º e 9º, LC 155/2016) e (c) pelo resgate do valor aportado decorrido o prazo mínimo (art. 61-A, § 7º, LC 155/2016). [...]

[275] "Art. 61-A. Para incentivar as atividades de inovação e os investimentos produtivos, a sociedade enquadrada como microempresa ou empresa de pequeno porte, nos termos desta Lei Complementar, poderá admitir o aporte de capital, que não integrará o capital social da empresa. [...] § 10. O Ministério da Fazenda poderá regulamentar a tributação sobre retirada do capital investido." (BRASIL. Lei Complementar n. 123, de 14 de dezembro de 2006. Institui o Estatuto Nacional da Microempresa e da Empresa de Pequeno Porte; altera dispositivos das Leis no 8.212 e 8.213, ambas de 24 de julho de 1991, da Consolidação das Leis do Trabalho — CLT, aprovada pelo Decreto-Lei no 5.452, de 1o de maio de 1943, da Lei no 10.189, de 14 de fevereiro de 2001, da Lei Complementar no 63, de 11 de janeiro de 1990; e revoga as Leis no 9.317, de 5 de dezembro de 1996, e 9.841, de 5 de outubro de 1999. **Palácio do Planalto Presidência da República**, Brasília, DF, 14 dez. 2006. Disponível em: <http://www.planalto.gov.br/ccivil_03/Leis/lcp/lcp123.htm>. Acesso em: 03 jun. 2018).

[276] BRASIL. Receita Federal do Brasil. Instrução Normativa RFB n. 1719, de 19 de julho de 2017. Dispõe sobre a tributação relacionada às operações de aporte de capital de que trata o art. 61-A da Lei Complementar n. 123, de 14 de dezembro de 2006. **Secretaria da Receita Federal do Brasil**, Brasília, DF, 19 jul. 2017. Disponível em: <http://normas.receita.fazenda.gov.br/sijut2consulta/link.action?visao=anotado&idAto=84618>. Acesso em: 03 jun. 2018.

A referida Instrução Normativa estabelece alíquotas variáveis entre 22,5% e 15%, de acordo com o prazo do contrato de participação (entre inferior 180 dias e superior a 720 dias).[277]

As críticas a que faz menção Eduardo Moretti são decorrentes de o mercado ter entendido que a tributação aplicada é muito elevada para um investimento de alto risco.[278] Além disso, havia a expectativa de que a participação periódica nos resultados da sociedade seria isenta de tributação, como no caso do recebimento de dividendos, o que não ocorreu.[279] Essas têm sido as principais razões pelas quais os investidores têm considerado desinteressante o investimento por meio do contrato de participação.

Ademais, vale mencionar que o contrato de participação apresenta uma barreira burocrática no caso do recebimento de investimentos a serem realizados por investidores estrangeiros. O Banco Central do Brasil não possui (ao menos até os primeiros meses do ano de 2018) uma forma de registrar esse tipo de operação, forçando que o investimento externo seja registrado ou como obtenção de participação societária (no sistema de Registro Declaratório Eletrônico — Investimento Estrangeiro Direto, RDE-IED)[280] ou como mútuo (no sistema de Registro Declaratório Eletrônico — Registro de Operações Financeiras, RDE-ROF).[281]

277 Moretti, Eduardo. Investimento-Anjo: Instrumentos Legais e os Impactos da Lei Complementar n. 155/2016. In: Moretti, Eduardo; Oliveira, Leandro Antonio Godoy (orgs.). **Startups**: aspectos jurídicos relevantes. Rio de Janeiro: Lumen Juris, 2018, p. 107-108.

278 Conforme: Moretti, Eduardo. Investimento-Anjo: Instrumentos Legais e os Impactos da Lei Complementar n. 155/2016. In: Moretti, Eduardo; Oliveira, Leandro Antonio Godoy (orgs.). **Startups**: aspectos jurídicos relevantes. Rio de Janeiro: Lumen Juris, 2018, p. 110.

279 Conforme: Wanderley, Thiago Barbosa. A tributação dos ganhos do investidor-anjo nas startups (microempresas e empresas de pequeno porte). **Revista de Direito Tributário Contemporâneo**, v. 8/2017, p. 1-6, set.-out. 2017, p. 5. Disponível em: <https://bit.ly/2tzYp94>. Acesso em: 03 jun. 2018. (Paginação da versão eletrônica difere da versão impressa).

280 Cf. BANCO CENTRAL DO BRASIL. **RDE-IED — Manual do Declarante**. Abr. 2018. Disponível em: <https://bit.ly/2w29l0Y>. Acesso em 21 ago. 2018.

281 Cf. BANCO CENTRAL DO BRASIL. **Novo RDE-ROF — Empréstimo Diretos e Títulos — Manual do Declarante**. 14 ago. 2018. Disponível em: <https://bit.ly/2Lh5rGu>. Acesso em 21 ago. 2018.

4.5.2 *Fases de investimento mais propícias e razões para a sua utilização*

Pelas características apresentadas acima, percebe-se que o investimento por meio do contrato de participação é mais adequado às fases iniciais da *startup*, embora não haja vedação à sua utilização em outros momentos.

Em que pese a legislação que regulamenta essa forma de investimento proteja expressamente o patrimônio do investidor, na prática é muito raro encontrar investimentos realizados por meio do contrato de participação. Isso porque, conforme alertado acima, do ponto de vista tributário ele pode não ser tão interessante ao investidor, além das limitações existentes quanto à remuneração, prazo mínimo para o exercício do direito de resgate e prazo máximo de vigência do contrato.

4.6 Conclusão parcial

Nesta seção foram abordadas cinco estruturas de investimento em *startups*.

A obtenção de participação societária foi analisada em duas etapas. Na primeira delas, em que o investidor torna-se sócio da pessoa jurídica da *startup* (constituída na forma de sociedade limitada ou sociedade anônima), concluiu-se que, embora o investidor obtenha uma maior ingerência na *startup*, o seu patrimônio pode vir a ser comprometido em caso da existência de passivos na *startup* que venham a ocasionar a desconsideração da personalidade jurídica. Ademais, caso o investimento seja realizado por uma pessoa jurídica, a *startup*, ainda que constituída na forma de sociedade limitada, não poderá optar pelo regime tributário do Simples Nacional.

No que diz respeito à obtenção de participação societária de uma sociedade em conta de participação, verificou-se que a *startup* tem maior liberdade na gestão dos negócios, enquanto sócia ostensiva, e que o investidor está bem protegido, visto que a *startup* atua em nome próprio. Desta forma, pode ser uma alternativa válida em *startups* que estejam em fases mais iniciais. Porém, cabe a ressalva de que essa opção também implica na impossibilidade de a *startup* optar pelo regime tributário do Simples Nacional.

Na sequência, analisando-se o contrato de mútuo conversível em participação societária, verificou-se ser ele uma boa opção tanto para investidor quanto para empreendedor, visto que protege o patrimônio do investidor de eventuais passivos da *startup*, não impede que a *startup* possa optar pelo Simples Nacional e tem uma forma de estruturação ágil e de baixo custo.

As debêntures conversíveis em participação societária, por sua vez, embora também garantam proteção ao patrimônio do investidor, demonstraram-se pouco vantajosas, visto o custo e burocracia envolvidos e a insegurança jurídica para a sua emissão por sociedades limitadas.

Em relação ao contrato de opção de participação societária, concluiu-se que, em que pese seja uma alternativa bem próxima ao contrato de mútuo conversível (com a diferença de o investidor não ser um credor da *startup*), o possível custo tributário que pode ser gerado no momento da alienação da participação adquirida pelo investidor e a não existência de vantagens em relação ao contrato de mútuo não o tornam tão atrativo.

Entretanto, ainda em relação ao contrato de opção de participação societária, verificou-se ser o instrumento adequado para a formalização do *vesting*, visando a retenção de talentos importante para o desenvolvimento das *startups*.

Por fim, ao analisar o contrato de participação, ponderou-se que, embora também garanta boa proteção ao patrimônio do investidor, não impeça a *startup* constituída na forma de sociedade limitada de optar pelo regime tributário do Simples Nacional e tenha um baixo custo para ser formalizado, a carga tributária aplicável e os elementos mínimos contratuais exigidos por lei acabam por não torná-lo atrativo aos investidores.

4.7 Quadro comparativo

Assim como realizado na seção anterior, utiliza-se de uma tabela para consolidar as informações trazidas, visando auxiliar na comparação entre as vantagens e desvantagens e as fases de investimento mais comuns de cada estrutura.

Estrutura de investimento	Principais vantagens	Principais desvantagens	Fases de investimento mais comuns
Obtenção de participação societária (sociedade limitada e sociedade anônima)	(a) Maior ingerência na *startup* para o investidor; (b) Empreendedor tem o investidor como sócio e não como credor.	(a) Se o investidor for pessoa jurídica, a *startup* perde o benefício de optar pelo Simples Nacional; (b) Patrimônio pessoal do investidor pode ser atingido em caso de desconsideração da personalidade jurídica.	Geralmente utilizada em fases mais avançadas de maturação, por fundos de investimento.
Obtenção de participação societária (sociedade em conta de participação)	(a) Boa proteção ao patrimônio do investidor; (b) Formalização ágil e pouco custosa.	(a) *Startup* não pode optar pelo Simples Nacional; (b) Menor ingerência na *startup* para o investidor (sob pena de caracterização de sociedade em comum).	Utilizado principalmente em fases iniciais e intermediárias de maturação.
Mútuo conversível em participação societária	(a) Boa proteção ao patrimônio do investidor; (b) Não impede a *startup* de optar pelo Simples Nacional; (c) Pode postergar o *valuation* da *startup*; (d) Formalização ágil e pouco custosa.	(a) Menor ingerência na *startup* para o investidor antes da conversão (sob pena de caracterização de sociedade em comum); (b) Fundador tem o investidor como credor e não como sócio.	Utilizado principalmente em fases iniciais e intermediárias de maturação.
Debêntures conversíveis em participação societária	(a) Boa proteção ao patrimônio do investidor; (b) Não há risco de ser caracterizada como sociedade em comum.	(a) Custo e burocracia maiores; (b) Insegurança jurídica para a utilização em sociedades limitadas; (c) Menor ingerência na *startup* para o investidor antes da conversão; (d) Fundador tem o investidor como credor.	Comumente ignorada para investimentos em *startup*. Pode fazer sentido utilizar em caso de investimento elevado em *startup* constituída como sociedade anônima, se for exigência do investidor.
Opção de compra de participação societária	(a) Boa proteção ao patrimônio do investidor; (b) Não impede a *startup* de optar pelo Simples Nacional; (c) Formalização ágil e pouco custosa; (d) Fundador não tem o investidor como credor.	(a) Menor ingerência na *startup* para o investidor antes da conversão (sob pena de caracterização de sociedade em comum); (b) Possível custo tributário elevado na venda da participação.	Utilizado principalmente em fases iniciais e intermediárias de maturação, bem como para a formalização do *vesting*.
Contrato de participação	(a) Boa proteção ao patrimônio do investidor; (b) Não impede a *startup* de optar pelo Simples Nacional; (c) Formalização ágil e pouco custosa.	(a) Menor ingerência na *startup* para o investidor antes da conversão; (b) Limitações legais e carga tributária desinteressantes ao investidor.	Até o momento, raramente utilizado. O seu uso faria mais sentido em fases mais iniciais de maturação da *startup*.

Fonte: Tabela elaborada pelo próprio autor para inclusão nesta obra.

5. CLÁUSULAS USUAIS EM CONTRATOS DE INVESTIMENTO E OUTROS INSTRUMENTOS CORRELATOS

Independentemente da estrutura de investimento utilizada, há certas cláusulas que são de grande relevância e que estão presentes na maioria dos investimentos. Por essa razão, optou-se por abordá-las nesta seção, ao invés de incluí-las em uma estrutura de investimento específica. Desta forma, as cláusulas que serão tratadas podem ser utilizadas, com as devidas adaptações, em espécies de contratos de investimento variadas, bem como em acordos de sócios.

Ademais, há determinados instrumentos contratuais que são correlatos às estruturas de investimento e são de grande relevância para garantir maior segurança jurídica tanto às *startups* quanto aos investidores. Destarte, aproveita-se para também tratar nesta seção do acordo de confidencialidade (*non-disclosure agreement*) e da carta de intenções (*letter of intent*) ou memorando de entendimentos (*memorandum of understanding*).

5.1 Cláusulas usuais em contratos de investimento

As cláusulas contratuais que serão abordadas nesta subseção são comumente utilizadas em contratos de investimento e possuem grande relevância, podendo (e devendo), inclusive, ser incluídas em acordos de sócios.

Neste ponto não serão abordadas cláusulas gerais, as quais são usualmente encontradas na maioria dos contratos, como cláusulas de indenização, rescisão, resilição e resolução contratual, eleição de foro, entre outras. Isso não quer dizer que estas sejam menos importantes. Porém, decidiu-se por tratar exclusivamente daquelas que são mais específicas, esclarecendo o que são e a sua importância e utilidade.

5.1.1 Não competição (*non-compete*) e não solicitação (*non-solicitation*)

As cláusulas de não competição (também conhecida como *non-compete*) e de não solicitação ou não aliciamento (*non-solicitation*) são muito utilizadas em contratos de investimento. A primeira delas é também encontrada em contratos celebrados com colaboradores estratégicos.

O *non-compete* tem como utilidade vedar a participação dos sócios ou colaboradores, ainda que indiretamente, em atividades não ligadas à *startup* que, de alguma forma, possam concorrer com ela.[282] A cláusula de *non-solicitation*, por sua vez, visa evitar o aliciamento de colaboradores, clientes ou parceiros comerciais da *startup*.

Para que a cláusula de não competição seja utilizada, é fundamental definir claramente quais atividades estão vedadas e o período pelo qual essa limitação vigorará, além de eventual restrição geográfica. A falta de delimitação das atividades ou uma previsão muito ampla pode levar essa cláusula a ser invalidada judicialmente, por ser entendida abusiva[283] (tratando-se de colaborador, é recomendado, ainda, que seja garantido a ele uma remuneração pelo período de não competição, caso contrário também há o risco do reconhecimento da abusividade).[284] Da mesma forma, a cláusula de não solicitação deverá ter as suas delimitações, principalmente de âmbito temporal.

Ademais, é essencial que seja fixada penalidade pelo descumprimento de referidas cláusulas, como forma de tentar inibir que isto ocorra.

[282] Conforme: Menezes, Rodrigo; Alexandrino, Júlio. A cláusula de não competição no contrato de investimento. **Capital Aberto**. 01 fev. 2013. (Boletins / V.C. & Empreendedorismo / Edição 114) Disponível em: <https://bit.ly/2yEazmY>. Acesso em: 20 jun. 2018.

[283] Conforme: Witte, Natalie Carvalho. Negociando um investimento: cláusulas e conceitos jurídicos no term sheet. In: Júdice, Lucas Pimenta (coord.). **Direito das startups** — volume II. Curitiba: Juruá, 2017, p. 121.

[284] Conforme: Menezes, Rodrigo; Alexandrino, Júlio. A cláusula de não competição no contrato de investimento. **Capital Aberto**. 01 fev. 2013. (Boletins / V.C. & Empreendedorismo / Edição 114) Disponível em: <https://bit.ly/2yEazmY>. Acesso em: 20 jun. 2018.

5.1.2 *Lock-up period* e *standstill period*

Tendo em vista que o investidor, ao aportar recursos em uma *startup*, muitas vezes o faz por acreditar no potencial de seus fundadores, é muito importante haver uma forma de assegurar a ele que os mesmos empreendedores manter-se-ão à frente do negócio ao menos pelo período necessário para que este obtenha o desenvolvimento esperado. É nesse contexto que estão inseridas as cláusulas de *lock-up period* e de *standstill period*.

A cláusula de *lock-up period* é utilizada para impedir os fundadores de alienarem as participações societárias que possuem na sociedade por determinado prazo ou até que certa métrica seja atingida (como, por exemplo, determinada receita bruta).[285]

A cláusula de *standstill period*, por sua vez, veda que os fundadores possam reduzir a participação societária que possuem abaixo de certo limite, evitando assim a troca no controle societário, que poderia implicar em uma mudança significativa na filosofia e objetivos da *startup*. Também nessa cláusula é necessário delimitar o período pelo qual essa vedação estará vigente.[286]

Pela descrição das duas cláusulas, verifica-se a complementariedade entre elas e a importância de sua previsão com vistas a proteger o investimento realizado pelo investidor.

5.1.3 *Tag along* e *drag along*

O *tag along*[287] e o *drag along* são duas cláusulas muito utilizadas em acordos de sócios. Tendo em vista a importância das mesmas, elas costumam

[285] Conforme: Gaudêncio, Samuel Carvalho; Mcnaughton, Charles William. **Fusões e aquisições**: prática jurídica no M&A. São Paulo: IOB, 2016, p. 159-160.

[286] Conforme: Silva, Marcus Alexandre da. Acordo de quotistas: ferramenta para a estabilidade e gestão de conflitos em startups. In: Júdice, Lucas Pimenta (coord.). **Direito das startups** — volume II. Curitiba: Juruá, 2017, p. 170.

[287] É importante esclarecer que neste ponto está sendo tratado do *tag along* contratual e não do *tag along* previsto no artigo 254-A da Lei 6.404/76, sendo eles dois institutos com características distintas. O *tag along* legal condiciona a alienação, ainda que indireta, do controle de companhia aberta, à realização de oferta pública de aquisição de ações com direito a voto de todos os demais acionistas, assegurando a eles preço no mínimo equivalente a 80% do valor das ações com direito a voto que compõe o bloco de controle. Verifica-se, portanto, tratar-se de instituto exclusivo das sociedades anônimas abertas e obrigatório, ao contrário do *tag along* analisado nesta obra, o qual é optativo e depende de previsão contratual expressa.

ser previstas desde logo nos contratos de investimento, de maneira a assegurar aos investidores e aos empreendedores os direitos delas advindos.

O *tag along* é uma forma de proteger o sócio minoritário (que, no caso das *startups*, via de regra é o investidor) de uma possível alienação da participação societária detida pelo sócio controlador (o fundador da *startup*). Essa cláusula, então, assegura ao investidor, enquanto sócio minoritário, o direito de alienar a sua participação para o mesmo comprador da participação societária do sócio controlador, nas mesmas condições.[288]

O investidor costuma exigir a inclusão de referida cláusula para proteger-se de uma troca de controle societário da *startup*, visto que o aporte é realizado muito em razão do empreendedor que está à frente do negócio. Desta forma, o investidor prefere ter o direito de alienar a sua participação em conjunto com o fundador do que correr o risco de ver a *startup* mudar de rumos em razão de uma troca de controle.[289]

O *drag along*, por sua vez, é um direito concedido ao fundador, enquanto sócio controlador. Por meio deste, o controlador pode exigir que todos os sócios minoritários alienem as suas participações em conjunto com ele para um terceiro. Essa cláusula é de grande importância pois pode facilitar ao fundador conseguir vender a sua participação, visto que algum possível comprador pode desejar adquirir a *startup* integralmente, não tendo interesse em manter os sócios minoritários no quadro societário.[290]

Em que pese o *drag along* seja historicamente um direito do sócio controlador, nas *startups* eventualmente ocorre de o investidor, enquanto

(Cf. Art. 254-A, BRASIL. Lei n. 6.404, de 15 de dezembro de 1976. Dispõe sobre as Sociedades por Ações. **Palácio do Planalto Presidência da República**, Brasília, DF, 15 dez. 1976. Disponível em: <http://www.planalto.gov.br/ccivil_03/Leis/L6404compilada.htm>. Acesso em: 20 jun. 2018).

[288] Conforme: Corvo, Erik. Acordo de sócios de sociedades limitadas à luz do Código Civil de 2002. In: Adamek, Marcelo Vieira von. **Temas de direito societário e empresarial contemporâneos**. São Paulo: Malheiros, 2011, p.100.

[289] Conforme: Coelho, Giulliano Tozzi; Garrido, Luiz Gustavo. Dissecando o contrato entre startups e investidores anjo. In: Júdice, Lucas Pimenta; Nybo, Erik Fontenele (coord.). **Direito das startups**. Curitiba: Juruá, 2016, p. 125.

[290] Conforme: Corvo, Erik. Acordo de sócios de sociedades limitadas à luz do Código Civil de 2002. In: Adamek, Marcelo Vieira von. **Temas de direito societário e empresarial contemporâneos**. São Paulo: Malheiros, 2011, p. 100.

sócio minoritário, exigir a inclusão de um *drag along* em seu favor (conhecido como *drag along* inverso). Essa exigência geralmente é realizada por fundos de investimento, que buscam nela aumentar as suas possibilidades de alienar a participação societária que possuem na *startup*, já que poderão encontrar compradores que desejem adquirir o negócio somente em sua totalidade.[291]

Tendo em vista que o *drag along* representa uma obrigação de venda conjunta, ao contrário do *tag along*, que é um direito de venda conjunta, é muito importante, para proteger aquele que concede o direito de *drag along*, estabelecer o preço mínimo (ou a sua forma de cálculo) para o seu exercício. Desta maneira, buscar-se-á evitar que um sócio exerça o direito do *drag along* mesmo que por um valor abaixo do suposto valor de mercado da *startup*, por ter a necessidade da venda, e assim acabe prejudicando severamente o outro sócio.[292-293]

5.2 Acordo de confidencialidade (*non-disclosure agreement*)

Os acordos de confidencialidade (conhecidos também como termo de sigilo ou, simplesmente, NDA, por ser a sigla de seu nome em inglês: *non-disclosure agreement*) têm como função proteger informações sensíveis e estratégicas da *startup*, evitando que estas sejam tornadas públicas e possam ser utilizadas por concorrentes.

Como alertam Alan Moreira Lopes e Tarcisio Teixeira, "um acordo de confidencialidade pode e deve ser utilizado sempre que o sigilo for condição indispensável para a segurança jurídica de um negócio".[294]

Eles são úteis e extremamente recomendados em diversas situações, como, por exemplo, (a) quando certas informações estratégicas ou

[291] Conforme: TAVARES, Marco Antônio; MENEZES, Rodrigo. Drag along em operações de venture capital. **Capital Aberto**. 01 ago. 2013. (V.C. & Empreendedorismo / Edição 120) Disponível em: <https://bit.ly/2K6s6td>. Acesso em: 20 jun. 2018.

[292] Conforme: SILVA, Marcus Alexandre da. Acordo de quotistas: ferramenta para a estabilidade e gestão de conflitos em startups. In: JÚDICE, Lucas Pimenta (coord.). **Direito das startups** — volume II. Curitiba: Juruá, 2017, p. 167-168.

[293] Conforme: TAVARES, Marco Antônio; MENEZES, Rodrigo. Drag along em operações de venture capital. **Capital Aberto**. 01 ago. 2013. (V.C. & Empreendedorismo / Edição 120) Disponível em: <https://bit.ly/2K6s6td>. Acesso em: 20 jun. 2018.

[294] TEIXEIRA, Tarcisio; LOPES, Alan Moreira. Direito empresarial e societário para empreendedores. In: _______ (coord.). **Startups e inovação**: direito no empreendedorismo (entrepreneurship law). Barueri: Manole, 2017, p. 13.

confidenciais da *startup* forem ser apresentadas para possíveis investidores poderem avaliar se desejam ou não realizar um aporte; (b) nas relações estabelecidas entre *startups* e parceiros, quando estes tiverem acesso a dados relevantes e sigilosos; (c) nos vínculos com funcionários que ocupam cargos estratégicos e têm acesso a conteúdo sensível; (d) caso haja a necessidade de revelar a clientes certos materiais confidenciais, entre outros.

Para dar força ao NDA, é muito importante que sejam estabelecidas sanções para o caso de descumprimento.[295] Estas podem ser em valores pré-estabelecidos ou então de maneira genérica, prevendo que a parte infratora deverá ressarcir a parte inocente pelas perdas e danos a que der causa. A primeira opção é mais recomendada, principalmente se houver previsão de que a multa estabelecida é não compensatória, de maneira que, em caso de descumprimento, haja a incidência da multa prevista em contrato e ainda a obrigação de ressarcimento pelas perdas e danos imputados à parte inocente.

Com o objetivo de evitar dúvidas em relação ao que é classificado como informação confidencial em cada caso e o que está excluído dessa definição, é usual a existência de cláusulas que descrevam os tipos de informações que são sigilosas e aquelas que não o são, garantindo assim maior clareza ao contrato e evitando que haja descumprimentos por assimetria de interpretação contratual.

Outro ponto habitualmente incluído em termos de sigilo, quando este é celebrado com pessoas jurídicas, é que a parte que celebra o termo está obrigada a garantir a proteção das informações confidenciais recebidas também por seus funcionários, administradores, sócios e parceiros.

Também é comum esclarecer no acordo de confidencialidade a razão pela qual está sendo concedido o acesso àquelas informações e prever que o uso das informações confidenciais a que a parte tiver acesso está limitado ao objetivo previsto no contrato; além de impor a obrigação de as partes destruírem as informações confidenciais que estiverem em seu

[295] Conforme: Olivério, João Otávio Pinheiro. Acordo de confidencialidade, não competição e não solicitação: a proteção de informações estratégicas e a restrição à liberdade criativa e a livre-iniciativa. In: Júdice, Lucas Pimenta; Nybo, Erik Fontenele (coord.). **Direito das startups**. Curitiba: Juruá, 2016, p. 60.

poder ou então devolvê-las à outra parte caso assim seja solicitado ou ao término do contrato e estabelecer o prazo de vigência contratual.

Por fim, válido mencionar que, embora o acordo de confidencialidade esteja aqui tratado como um instrumento autônomo, em muitos casos é comum sintetizá-lo em apenas uma cláusula, a ser inserida em contratos que regulem situações em que haverá a troca de informações sigilosas entre as partes envolvidas.

5.3 Carta de intenções (*letter of intent*) e memorando de entendimentos (*memorandum of understanding*)

A carta de intenções (em inglês denominada *letter of intent*), também usualmente chamada de *term sheet*, memorando de entendimentos (em inglês, *memorandum of understanding*) ou mesmo protocolo de intenções, é o primeiro instrumento a ser celebrado entre o possível investidor e a *startup*.

Ela é firmada quando, após uma primeira troca de informações, as partes desejam formalizar a intenção de aprofundarem-se nas negociações para a realização de um possível investimento, bem como estabelecer as premissas que servirão de norte para a negociação e para a elaboração dos documentos que futuramente formalizarão a operação.[296-297]

Embora o seu uso não seja obrigatório, ela é comumente utilizada e altamente recomendada, visto que traz proteção para ambas as partes. Ademais, quando bem elaborada, "facilita e agiliza a implementação do investimento, reduzindo as chances de aparecerem questões novas a serem negociadas nos contratos definitivos".[298]

Não há um modelo único a ser seguido nem uma regra do que deve estar incluído neste instrumento, porém algumas questões são comumente abordadas, como, por exemplo: (a) forma de avaliação da *startup*

[296] Conforme: FILIPPI, Paula Di; MENEZES, Rodrigo. Term sheet: o primeiro passo para um investimento venture. **Capital Aberto**. 01 dez. 2012. (Boletins / V.C. & Empreendedorismo / Edição 112) Disponível em: <https://bit.ly/2MWOIdp>. Acesso em: 20 jun. 2018.

[297] Conforme: POTENZA, Guilherme Peres; LUIZE, Marcelo Shima. O processo de M&A de startups investidas por fundos de venture capital. In: JÚDICE, Lucas Pimenta (coord.). **Direito das startups** — volume II. Curitiba: Juruá, 2017, p. 137.

[298] FILIPPI, Paula Di; MENEZES, Rodrigo. Term sheet: o primeiro passo para um investimento venture. **Capital Aberto**. 01 dez. 2012. (Boletins / V.C. & Empreendedorismo / Edição 112) Disponível em: <https://bit.ly/2MWOIdp>. Acesso em: 20 jun. 2018.

para estabelecer a proporção entre investimento a ser realizado e benefício a ser concedido ao investidor; (b) questões que serão objeto de diligência legal para verificar as situações econômica, financeira e jurídica da *startup* e impactos que eventuais passivos terão na avaliação da *startup*; (c) concessão de exclusividade temporária ao investidor, por período pré-estabelecido, para a realização e concretização da negociação; (d) confidencialidade em relação às informações trocadas pelas partes durante as negociações, inclusive aquelas fornecidas para a realização de diligência por parte do investidor; (e) cronograma da negociação; (f) estrutura de investimento que será utilizada para a concretização do investimento; (g) questões a serem objeto de futuro acordo de sócios (como eventuais ingerências que o investidor poderá ter na *startup* — por exemplo, poder de veto na votação de algumas matérias e escolha de membro do conselho de administração —, proteções para evitar diluição injustificada, direito de preferência no recebimento do retorno do investimento e outras proteções para as partes — como cláusulas de *tag along* e *drag along*, *lock-up period* para o empreendedor, *non-compete*, entre outras); (h) formas de solução de disputas.[299-300-301-302-303-304]

[299] Conforme: Potenza, Guilherme Peres; Luize, Marcelo Shima. O processo de M&A de startups investidas por fundos de venture capital. In: Júdice, Lucas Pimenta (coord.). **Direito das startups** — volume II. Curitiba: Juruá, 2017, p. 137.

[300] Conforme: Spina, Cassio A. **Investidor-anjo**: guia prático para empreendedores e investidores. São Paulo: nVersos, 2012, p. 124-125.

[301] Conforme: Gaudêncio, Samuel Carvalho; Mcnaughton, Charles William. **Fusões e aquisições**: prática jurídica no M&A. São Paulo: IOB, 2016, p. 22-23 e p. 32-36.

[302] Conforme: Filippi, Paula Di; Menezes, Rodrigo. Term sheet: o primeiro passo para um investimento venture. **Capital Aberto**. 01 dez. 2012. (Boletins / V.C. & Empreendedorismo / Edição 112) Disponível em: <https://bit.ly/2MWOIdp>. Acesso em: 20 jun. 2018.

[303] Conforme: Witte, Natalie Carvalho. Negociando um investimento: cláusulas e conceitos jurídicos no term sheet. In: Júdice, Lucas Pimenta (coord.). **Direito das startups** — volume II. Curitiba: Juruá, 2017, p. 115-125.

[304] O *term sheet* é um instrumento que, se por um lado muitas vezes é sucinto, por outro é de extrema relevância. Diversas das cláusulas mencionadas neste parágrafo possuem pontos sensíveis e estratégicos que merecem ser analisados. Porém, não será possível o fazer nesta obra, para não se alongar demais e acabar por desvirtuar o objetivo principal desta seção 5, que é apresentar brevemente alguns instrumentos contratuais de grande relevância para *startups*. Vale mencionar, entretanto, que algumas das cláusulas mencionadas neste parágrafo foram abordadas na subseção 5.1.

É fundamental também estabelecer no *term sheet* se referido instrumento será vinculante ou não — isto é, se as partes restarão obrigadas a efetivarem o investimento caso não haja qualquer questão que o impeça ou o torne inseguro. Na prática, geralmente esses instrumentos são não vinculantes, podendo as partes "abandonarem as negociações imotivadamente, sem que lhe possa ser atribuída qualquer tipo de penalidade".[305-306]

Entretanto, mesmo que as partes não estejam obrigadas a concretizar o investimento, elas ainda estarão obrigadas a cumprir, durante a negociação, o que estiver estabelecido no protocolo de intenções. Ademais, questões como a confidencialidade devem perdurar mesmo após o encerramento das negociações. O descumprimento das obrigações assumidas poderá implicar na responsabilização da parte infratora por perdas e danos.[307]

É válido mencionar que o memorando de entendimentos pode ser utilizado também em outras situações (com as devidas adaptações), como, por exemplo, para regular a relação entre os futuros sócios de uma *startup* que ainda está em fase de pré-constituição.[308]

5.4 Conclusão parcial

Nesta seção final, verificou-se a importância de estabelecer, nas relações entre investidor e empreendedor, cláusulas contratuais que protejam os dois lados, buscando garantir o maior sucesso da *startup*.

[305] Coutinho, Sérgio Mendes Botrel. **Fusões e aquisições**. São Paulo: Saraiva, 2016, p. 271.

[306] Há que atentar-se, porém, para o fato de que, ainda que o *term sheet* seja não vinculante, as partes poderão ser responsabilizadas civilmente (responsabilidade pré-contratual) em caso de desrespeito ao princípio da boa-fé objetiva no decorrer das tratativas. Nesse sentido: "O direito de não contratar, mais especificamente, deve ser exercido com base na regra de boa-fé, que faz as partes terem a obrigação de se portar lealmente no curso das tratativas. Isso porque a liberdade que cada pessoa tem para se atrelar ou não a um negócio jurídico não pode configurar abuso desse direito, de modo a prejudicar aquele que, confiando na realização de um negócio, vê-se frustrado em virtude de um comportamento desleal — não condizente, portanto, com o que exprime a boa-fé objetiva." (Deperon, Mariana Pazianotto. **Responsabilidade civil pela ruptura ilegítima das tratativas**. Curitiba: Juruá, 2009, p. 93)

[307] Conforme: Coutinho, Sérgio Mendes Botrel. **Fusões e aquisições**. São Paulo: Saraiva, 2016, p. 272.

[308] Cf. Nybo, Erik Fontenele. Memorando de entendimentos para pré-constituição de uma startup. In: _______; Júdice, Lucas Pimenta (coord.). **Direito das startups**. Curitiba: Juruá, 2016, p. 29-38.

Neste sentido, foi abordada a relevância das cláusulas de não competição e não solicitação, que visam inibir que sócios da *startup* (e, em alguns casos, também colaboradores) venham a prejudicar o desenvolvimento do empreendimento, seja atuando em negócios concorrentes, seja aliciando colaboradores da *startup* a migrarem para outras empresas.

Foram analisadas, também, as cláusulas de *lock-up period* e *standstill period*, as quais têm o intuito de garantir que o empreendedor permaneça na *startup* por um prazo determinado (*lock-up period*) e com uma participação mínima necessária para não perder o controle societário (*standstill period*). Visam, assim, proteger o investidor de mudanças repentinas que poderiam comprometer o desenvolvimento da *startup* e, consequentemente, a sua chance de sucesso.

As duas últimas cláusulas apresentadas foram as de *tag along* e *drag along*. A primeira delas garante ao sócio minoritário que, caso o sócio majoritário receba uma proposta para alienar a sua participação, ao minoritário sejam garantidas as mesmas condições. O *drag along*, por outro lado, garante ao sócio que o tem em seu favor o direito de exigir que os outros sócios alienem as suas participações caso o sócio beneficiário da cláusula receba determinada proposta de alienação de sua participação.

Por fim, apontou-se a importância de determinados instrumentos correlatos ao recebimento de investimentos em *startups*. Enquanto o acordo de confidencialidade mostrou-se imprescindível para a proteção de informações estratégicas da *startup*, a carta de intenções e o memorando de entendimentos apresentaram-se como documentos de celebração recomendada quando do início das tratativas para a estruturação de investimentos, visto servirem para alinhar expectativas das partes e estabelecer o regramento básico que será aplicado para a eventual concretização do aporte financeiro.

6. MARCO LEGAL DAS STARTUPS E DO EMPREENDEDORISMO INOVADOR

Em junho de 2021, após anos de discussões, o Marco Legal das *Startups* e do Empreendedorismo Inovador foi finalmente sancionado, por meio da Lei Complementar n. 182.[309]

Havia grande expectativa de que essa lei apresentaria mudanças significativas que impactariam positivamente no assunto objeto deste livro, trazendo maior segurança e incentivos para empreendedores e investidores de *startups*.

Embora essa expectativa não tenha se concretizado, com várias das sugestões que seriam muito úteis para fomentar o setor sendo deixadas de lado na versão final, não se pode negar a relevância de ter no ordenamento jurídico brasileiro uma lei específica sobre *startups*.

Por essa razão, decidiu-se por incluir nesta obra um tópico sobre o Marco Legal das *Startups*, para apontar os principais assuntos abordados nele.[310]

309 BRASIL. Lei Complementar n. 182, de 1º de junho de 2021. Institui o marco legal das startups e do empreendedorismo inovador; e altera a Lei n. 6.404, de 15 de dezembro de 1976, e a Lei Complementar n. 123, de 14 de dezembro de 2006. **Palácio do Planalto Presidência da República**, Brasília, DF, 1 jun. 2021. Disponível em: <http://www.planalto.gov.br/ccivil_03/leis/lcp/Lcp182.htm>. Acesso em: 27 jul. 2022.

310 O conteúdo dos tópicos elencados a seguir tomou por base o seguinte texto escrito pelo mesmo autor deste livro: REIS, Edgar Vidigal de Andrade. **Marco Legal das Startups: O que muda na prática?**. 09 jun. 2021. Disponível em: < https://vidigalreis.com.br/

6.1 Definição de *startup*

Antes do Marco Legal das *Startups*, não havia na legislação brasileira uma definição de *startup*. A existência dessa definição é importante para delimitar quem poderá se beneficiar dos incentivos trazidos por essa lei e de outros eventuais incentivos voltados para *startups* que sejam criados no futuro.

De forma resumida, as características exigidas no artigo 4º do Marco Legal das *Startups*[311] para que haja o enquadramento como *startup* são:

a) ser empresário individual, sociedade empresária, sociedade cooperativa ou sociedade simples (o artigo fala também em EIRELI,

marco-legal-das-startups-o-que-muda-na-pratica/>. Acesso em: 26 jul. 2022. Algumas das novidades trazidas pelo Marco Legal das *Startups* são mencionadas não apenas nesta seção, mas também no decorrer desta obra, nos pontos em que referida menção se fez relevante.

[311] "Art. 4º São enquadradas como startups as organizações empresariais ou societárias, nascentes ou em operação recente, cuja atuação caracteriza-se pela inovação aplicada a modelo de negócios ou a produtos ou serviços ofertados. § 1º Para fins de aplicação desta Lei Complementar, são elegíveis para o enquadramento na modalidade de tratamento especial destinada ao fomento de startup o empresário individual, a empresa individual de responsabilidade limitada, as sociedades empresárias, as sociedades cooperativas e as sociedades simples: I — com receita bruta de até R$ 16.000.000,00 (dezesseis milhões de reais) no ano-calendário anterior ou de R$ 1.333.334,00 (um milhão, trezentos e trinta e três mil trezentos e trinta e quatro reais) multiplicado pelo número de meses de atividade no ano-calendário anterior, quando inferior a 12 (doze) meses, independentemente da forma societária adotada; II — com até 10 (dez) anos de inscrição no Cadastro Nacional da Pessoa Jurídica (CNPJ) da Secretaria Especial da Receita Federal do Brasil do Ministério da Economia; e III — que atendam a um dos seguintes requisitos, no mínimo: a) declaração em seu ato constitutivo ou alterador e utilização de modelos de negócios inovadores para a geração de produtos ou serviços, nos termos do inciso IV do caput do art. 2º da Lei n. 10.973, de 2 de dezembro de 2004; ou b) enquadramento no regime especial Inova Simples, nos termos do art. 65-A da Lei Complementar n. 123, de 14 de dezembro de 2006. § 2º Para fins de contagem do prazo estabelecido no inciso II do § 1º deste artigo, deverá ser observado o seguinte: I — para as empresas decorrentes de incorporação, será considerado o tempo de inscrição da empresa incorporadora; II — para as empresas decorrentes de fusão, será considerado o maior tempo de inscrição entre as empresas fundidas; e III — para as empresas decorrentes de cisão, será considerado o tempo de inscrição da empresa cindida, na hipótese de criação de nova sociedade, ou da empresa que a absorver, na hipótese de transferência de patrimônio para a empresa existente." (BRASIL. Lei Complementar n. 182, de 1º de junho de 2021. Institui o marco legal das startups e do empreendedorismo inovador; e altera a Lei n. 6.404, de 15 de dezembro de 1976, e a Lei Complementar n. 123, de 14 de dezembro de 2006. **Palácio do Planalto Presidência da República**, Brasília, DF, 1 jun. 2021. Disponível em: <http://www.planalto.gov.br/ccivil_03/leis/lcp/Lcp182.htm>. Acesso em: 27 jul. 2022).

mas a previsão dessa espécie de pessoa jurídica foi revogada do Código Civil por meio da Lei n. 14.382/2022);

b) ter receita bruta de até R$ 16.000.000,00 (dezesseis milhões de reais) no ano-calendário anterior;
c) ter no máximo 10 (dez) anos de inscrição no CNPJ; e
d) declarar em seu ato constitutivo ou instrumento alterador que utiliza (e, de fato, utilizar) modelos de negócios inovadores para a geração de produtos ou serviços; ou estar enquadrada no regime especial do Inova Simples.

6.2 Investimento em *startups*

Na parte que trata de investimentos em *startups*, o Marco Legal das *Startups* não trouxe novidades significativas.

No artigo 5º, §1º, foram elencados os tipos de instrumentos usados para a realização de investimentos em *startups* nos casos em que se opta pelo investidor não se tornar sócio da sociedade investida em um primeiro momento, e deixou-se expresso que, nesses casos, o aporte não será considerado como integrante do capital social da *startup*.[312]

[312] "Art. 5º As startups poderão admitir aporte de capital por pessoa física ou jurídica, que poderá resultar ou não em participação no capital social da startup, a depender da modalidade de investimento escolhida pelas partes. § 1º Não será considerado como integrante do capital social da empresa o aporte realizado na startup por meio dos seguintes instrumentos: I — contrato de opção de subscrição de ações ou de quotas celebrado entre o investidor e a empresa; II — contrato de opção de compra de ações ou de quotas celebrado entre o investidor e os acionistas ou sócios da empresa; III — debênture conversível emitida pela empresa nos termos da Lei n. 6.404, de 15 de dezembro de 1976; IV — contrato de mútuo conversível em participação societária celebrado entre o investidor e a empresa; V — estruturação de sociedade em conta de participação celebrada entre o investidor e a empresa; VI — contrato de investimento-anjo na forma da Lei Complementar n. 123, de 14 de dezembro 2006; VII — outros instrumentos de aporte de capital em que o investidor, pessoa física ou jurídica, não integre formalmente o quadro de sócios da startup e/ou não tenha subscrito qualquer participação representativa do capital social da empresa. [...]" (BRASIL. Lei Complementar n. 182, de 1º de junho de 2021. Institui o marco legal das startups e do empreendedorismo inovador; e altera a Lei n. 6.404, de 15 de dezembro de 1976, e a Lei Complementar n. 123, de 14 de dezembro de 2006. **Palácio do Planalto Presidência da República**, Brasília, DF, 1 jun. 2021. Disponível em: <http://www.planalto.gov.br/ccivil_03/leis/lcp/Lcp182.htm>. Acesso em: 27 jul. 2022).

No § 2º do mesmo artigo 5º foi previsto que o investidor somente será considerado sócio da *startup* após a conversão do investimento em participação societária.[313]

E, no artigo 8º, foi estabelecido que o investidor que realizar o aporte por um dos instrumentos previstos no artigo 5º, § 1º, não será considerado sócio, nem terá direito a ingerência na *startup*, e não responderá por qualquer dívida da *startup*, inclusive nas hipóteses de recuperação judicial ou desconsideração da personalidade jurídica.[314]

Por mais que o objetivo do legislador com essas disposições tenha sido trazer maior segurança jurídica aos investidores, não se vislumbra na prática qualquer avanço significativo.

Isso porque, mesmo antes do Marco Legal das *Startups*, investimentos por meio de referidos instrumentos, por suas próprias características, já resultavam em aportes que não integravam o capital social até que ocorresse a conversão. Por essa razão, o investidor não poderia antes da conversão ser considerado sócio da *startup*, nem ser responsabilizado

313 "Art. 5º [...] § 2º Realizado o aporte por qualquer das formas previstas neste artigo, a pessoa física ou jurídica somente será considerada quotista, acionista ou sócia da startup após a conversão do instrumento do aporte em efetiva e formal participação societária. [...]" (BRASIL. Lei Complementar n. 182, de 1º de junho de 2021. Institui o marco legal das startups e do empreendedorismo inovador; e altera a Lei n. 6.404, de 15 de dezembro de 1976, e a Lei Complementar n. 123, de 14 de dezembro de 2006. **Palácio do Planalto Presidência da República**, Brasília, DF, 1 jun. 2021. Disponível em: <http://www.planalto.gov.br/ccivil_03/leis/lcp/Lcp182.htm>. Acesso em: 27 jul. 2022).

314 "Art. 8º O investidor que realizar o aporte de capital a que se refere o art. 5º desta Lei Complementar: I — não será considerado sócio ou acionista nem possuirá direito a gerência ou a voto na administração da empresa, conforme pactuação contratual; II — não responderá por qualquer dívida da empresa, inclusive em recuperação judicial, e a ele não se estenderá o disposto no art. 50 da Lei n. 10.406, de 10 de janeiro de 2002 (Código Civil), no art. 855-A da Consolidação das Leis do Trabalho (CLT), aprovada pelo Decreto-Lei n. 5.452, de 1º de maio de 1943, nos arts. 124, 134 e 135 da Lei n. 5.172, de 25 de outubro de 1966 (Código Tributário Nacional), e em outras disposições atinentes à desconsideração da personalidade jurídica existentes na legislação vigente. Parágrafo único. As disposições do inciso II do caput deste artigo não se aplicam às hipóteses de dolo, de fraude ou de simulação com o envolvimento do investidor." (BRASIL. Lei Complementar n. 182, de 1º de junho de 2021. Institui o marco legal das startups e do empreendedorismo inovador; e altera a Lei n. 6.404, de 15 de dezembro de 1976, e a Lei Complementar n. 123, de 14 de dezembro de 2006. **Palácio do Planalto Presidência da República**, Brasília, DF, 1 jun. 2021. Disponível em: <http://www.planalto.gov.br/ccivil_03/leis/lcp/Lcp182.htm>. Acesso em: 27 jul. 2022).

pelas dívidas da sociedade investida, exceto se restasse configurada simulação, dolo ou fraude envolvendo o investidor.

Dessa forma, essas disposições do Marco Legal das *Startups* podem até ter um efeito psicológico positivo para atrair novos investidores para o setor, mas não trazem segurança jurídica maior do que já havia até o momento.

O que realmente teria um efeito positivo para fomentar o investimento em *startups* e estava presente no projeto de lei até a reta final, mas acabou vetado pela Presidência da República, era a possibilidade de investidores pessoa física compensarem ganhos e perdas oriundos de investimentos em *startups* para fins de apuração e de pagamento do imposto sobre o ganho de capital.[315]

6.3 Societário

O Marco Legal das *Startups* trouxe a flexibilização de algumas obrigações das sociedades anônimas. Essa flexibilização não atinge apenas *startups*, mas as *startups* que estiverem constituídas na forma de sociedades anônimas poderão beneficiar-se delas.

[315] O texto do artigo 7º do projeto de lei do Marco Legal das *Startups*, vetado pela Presidência da República, contava com a seguinte redação: "Art. 7º No caso do investidor pessoa física, para fins de apuração e de pagamento do imposto sobre o ganho de capital, as perdas incorridas nas operações com os instrumentos de que trata o art. 5º desta Lei Complementar poderão compor o custo de aquisição para fins de apuração dos ganhos de capital auferidos com venda das participações societárias convertidas em decorrência do investimento em startup. § 1º O investidor poderá escolher quais investimentos em startup realizados previamente ao ganho de capital ele utilizará no custo de aquisição. § 2º A utilização dos valores no custo de aquisição a que se refere este artigo para fins de ganho de capital implica remissão da dívida da startup. § 3º A utilização dos valores no custo de aquisição a que se refere o caput deste artigo somente poderá ser realizada com os instrumentos de que trata o art. 5º desta Lei Complementar e desde que celebrados a partir da entrada em vigência desta Lei Complementar." (BRASIL. Lei Complementar n. 182, de 1º de junho de 2021. Institui o marco legal das startups e do empreendedorismo inovador; e altera a Lei n. 6.404, de 15 de dezembro de 1976, e a Lei Complementar n. 123, de 14 de dezembro de 2006. **Palácio do Planalto Presidência da República**, Brasília, DF, 1 jun. 2021. Disponível em: <http://www.planalto.gov.br/ccivil_03/leis/lcp/Lcp182.htm>. Acesso em: 27 jul. 2022).

As mudanças trazidas neste sentido foram:[316]

a) possibilidade de a diretoria da sociedade anônima ser composta por apenas um diretor (até então eram necessários ao menos dois);
b) permissão para sociedades anônimas fechadas com receita bruta anual de até R$ 78.000.000,00 (setenta e oito milhões de reais) realizarem publicações de forma eletrônica, substituírem os livros societários por registros mecanizados ou eletrônicos e realizarem divisão desproporcional de dividendos; e
c) permissão para a Comissão de Valores Mobiliários (CVM) estabelecer condições facilitadas para sociedades anônimas com receita bruta anual inferior a R$ 500.000.000,00 (quinhentos milhões de reais) terem acesso ao mercado de capitais.

[316] "Art. 16. A Lei n. 6.404, de 15 de dezembro de 1976, passa a vigorar com as seguintes alterações: "Art. 143. A Diretoria será composta por 1 (um) ou mais membros eleitos e destituíveis a qualquer tempo pelo conselho de administração ou, se inexistente, pela assembleia geral, e o estatuto estabelecerá: [...] "Art. 294. A companhia fechada que tiver receita bruta anual de até R$ 78.000.000,00 (setenta e oito milhões de reais poderá: [...] III — realizar as publicações ordenadas por esta Lei de forma eletrônica, em exceção ao disposto no art. 289 desta Lei; e IV — substituir os livros de que trata o art. 100 desta Lei por registros mecanizados ou eletrônicos. [...] § 4º Na hipótese de omissão do estatuto quanto à distribuição de dividendos, estes serão estabelecidos livremente pela assembleia geral, hipótese em que não se aplicará o disposto no art. 202 desta Lei, desde que não seja prejudicado o direito dos acionistas preferenciais de receber os dividendos fixos ou mínimos a que tenham prioridade. [...] "Art. 294-A. A Comissão de Valores Mobiliários regulamentará as condições facilitadas para o acesso de companhias de menor porte ao mercado de capitais, e será permitido dispensar ou modular a observância ao disposto: I — no art. 161 desta Lei, quanto à obrigatoriedade de instalação do conselho fiscal a pedido de acionistas; II — no § 5º do art. 170 desta Lei, quanto à obrigatoriedade de intermediação de instituição financeira em distribuições públicas de valores mobiliários, sem prejuízo da competência prevista no inciso III do § 3º do art. 2º da Lei n. 6.385, de 7 de dezembro de 1976; III — no inciso I do caput do art. 109, nos §§ 1º e 2º do art. 111 e no art. 202 desta Lei, quanto ao recebimento de dividendo obrigatório; IV — no art. 289 desta Lei, quanto à forma de realização das publicações ordenadas por esta Lei; [...]"" (BRASIL. Lei Complementar n. 182, de 1º de junho de 2021. Institui o marco legal das startups e do empreendedorismo inovador; e altera a Lei n. 6.404, de 15 de dezembro de 1976, e a Lei Complementar n. 123, de 14 de dezembro de 2006. **Palácio do Planalto Presidência da República**, Brasília, DF, 1 jun. 2021. Disponível em: <http://www.planalto.gov.br/ccivil_03/leis/lcp/Lcp182.htm>. Acesso em: 27 jul. 2022).

6.4 *Sandbox* regulatório

O Marco Legal das *Startups* previu a possibilidade de órgãos e entidades da administração pública com competência de regulamentação setorial criarem programas de ambiente regulatório experimental, também conhecidos como *sandbox* regulatório.[317]

Nesses programas, poderá ser afastada a aplicação de normas setoriais, simplificando o acesso e criando condições facilitadas para que *startups* possam receber autorizações temporárias para desenvolverem modelos de negócios inovadores e testarem técnicas e tecnologias experimentais.

Embora o Banco Central do Brasil (Bacen), a Comissão de Valores Mobiliários (CVM) e a Superintendência de Seguros Privados (Susep) já tenham criado *sandboxes* regulatórios para *fintechs* e *insurtechs* mesmo antes do Marco Legal das *Startups* existir, a previsão legal dessa possibilidade traz mais segurança jurídica e estímulo para que novas iniciativas nesse sentido sejam criadas.

[317] "Art. 2º Para os efeitos desta Lei Complementar, considera-se: [...] II — ambiente regulatório experimental (sandbox regulatório): conjunto de condições especiais simplificadas para que as pessoas jurídicas participantes possam receber autorização temporária dos órgãos ou das entidades com competência de regulamentação setorial para desenvolver modelos de negócios inovadores e testar técnicas e tecnologias experimentais, mediante o cumprimento de critérios e de limites previamente estabelecidos pelo órgão ou entidade reguladora e por meio de procedimento facilitado. [...] Art. 11. Os órgãos e as entidades da administração pública com competência de regulamentação setorial poderão, individualmente ou em colaboração, no âmbito de programas de ambiente regulatório experimental (sandbox regulatório), afastar a incidência de normas sob sua competência em relação à entidade regulada ou aos grupos de entidades reguladas. § 1º A colaboração a que se refere o caput deste artigo poderá ser firmada entre os órgãos e as entidades, observadas suas competências. § 2º Entende-se por ambiente regulatório experimental (sandbox regulatório) o disposto no inciso II do caput do art. 2º desta Lei Complementar. § 3º O órgão ou a entidade a que se refere o caput deste artigo disporá sobre o funcionamento do programa de ambiente regulatório experimental e estabelecerá: I — os critérios para seleção ou para qualificação do regulado; II — a duração e o alcance da suspensão da incidência das normas; e III — as normas abrangidas." (BRASIL. Lei Complementar n. 182, de 1º de junho de 2021. Institui o marco legal das startups e do empreendedorismo inovador; e altera a Lei n. 6.404, de 15 de dezembro de 1976, e a Lei Complementar n. 123, de 14 de dezembro de 2006. **Palácio do Planalto Presidência da República**, Brasília, DF, 1 jun. 2021. Disponível em: <http://www.planalto.gov.br/ccivil_03/leis/lcp/Lcp182.htm>. Acesso em: 27 jul. 2022).

Dessa forma, esse tema ter sido abordado no Marco Legal das *Startups* pode facilitar a redução de barreiras de entrada em certos setores que possuem regulamentação mais complexa, aumentando as possibilidades para gerar inovações e trazer desenvolvimento a esses setores.

6.5 Licitações especiais e contratos públicos

Outro ponto positivo do Marco Legal das *Startups* foi permitir a realização de licitações na modalidade especial para o teste de soluções inovadoras.

Além disso, foram estabelecidas as regras para a contratação das *startups* vencedoras das licitações pela administração pública, prevendo o tempo máximo de contrato, teto de valor e outras restrições a serem obedecidas.

Essa regulamentação abre espaço para que entidades públicas possam também se beneficiar de inovações criadas por *startups*, e facilita que *startups* criem soluções voltadas para atender a administração pública, ampliando, assim, as possibilidades de público-alvo.[318]

6.6 Trabalhista e tributário

Havia a expectativa de que o Marco Legal das *Startups* trouxesse mudanças nas áreas trabalhista e tributária.

Na área trabalhista, parte do setor ansiava pela criação de regras diferenciadas de contratação e redução de encargos sociais. Já na parte tributária, esperava-se o estabelecimento de certos benefícios às *startups* e/ou a seus investidores, para fomentar o setor. Também era almejada a redução das restrições para que *startups* pudessem se beneficiar do regime tributário do Simples Nacional, como a possibilidade de sociedades anônimas e sociedades limitadas com sócia pessoa jurídica poderem se valer desse regime.

[318] Para saber mais sobre o assunto, recomenda-se a leitura dos artigos 12 a 15 do Marco Legal das *Startups*, os quais não são transcritos aqui devido à extensão deles. (Cf. BRASIL. Lei Complementar n. 182, de 1º de junho de 2021. Institui o marco legal das startups e do empreendedorismo inovador; e altera a Lei n. 6.404, de 15 de dezembro de 1976, e a Lei Complementar n. 123, de 14 de dezembro de 2006. **Palácio do Planalto Presidência da República**, Brasília, DF, 1 jun. 2021. Disponível em: <http://www.planalto.gov.br/ccivil_03/leis/lcp/Lcp182.htm>. Acesso em: 27 jul. 2022).

Porém, não houve qualquer novidade nessas áreas. O mais próximo disso foi a previsão que havia no projeto de lei de investidores poderem compensar ganhos e perdas para redução da tributação de ganho de capital. Porém, como mencionado anteriormente, esse artigo foi vetado pela Presidência da República.

CONCLUSÕES

Ao longo desta obra, buscou-se apresentar o cenário jurídico (societário e contratual) aplicável às *startups*. Para tanto, foi exposto o ciclo de vida jurídico destes empreendimentos, tratou-se das organizações de auxílio a *startups* e das espécies de investidores, discorreu-se acerca das principais estruturas societárias utilizadas e das estruturas de investimento existentes e, por fim, abordou-se cláusulas contratuais específicas de grande relevância em estruturas de investimento e alguns instrumentos contratuais correlatos. Ainda, foi incluída nesta segunda edição uma seção para tratar dos principais pontos do Marco Legal das *Startups*.

Do exposto, conclui-se que, em que pese não haja um ramo jurídico específico e autônomo para as *startups* (nem haveria razão para isso), esse tipo de empreendimento não deve ser analisado como se fosse exatamente igual aos demais, visto que possui particularidades que devem ser respeitadas para que seja possível atingir o sucesso desejado.

Em relação ao Direito Societário, os tipos societários mais recorrentes em *startups* são a sociedade limitada, a sociedade anônima e a sociedade em conta de participação.

Como demonstrado, a sociedade limitada é amplamente o tipo societário mais utilizado no Brasil. No caso das *startups*, essa maior utilização decorre tanto da menor complexidade e de menores custos envolvidos, como de vantagens tributárias advindas da possibilidade de optar pelo regime tributário do Simples Nacional.

A opção pela estrutura de sociedade anônima, por sua vez, não deixa de ser interessante, visto trazer uma maior blindagem patrimonial.

Embora esse tipo societário não seja ainda muito utilizado pelas *startups*, ele pode vir a ser a melhor alternativa para *startups* que estejam em um momento de maturação mais avançado.

Independentemente de optar pela sociedade limitada ou pela sociedade anônima, é extremamente recomendada a celebração de um acordo de sócios, para estabelecer certas questões de grande importância e que fogem ao âmbito do contrato social e do estatuto social.[319]

Já a sociedade em conta de participação, por suas características, no caso das *startups* é utilizada como um veículo de investimento, no qual a pessoa jurídica da *startup* figura como sócia ostensiva e o investidor assume a posição de sócio participante. É, assim, uma das alternativas para o investidor que não deseja adquirir participação societária diretamente da *startup*.

Tratando do Direito Contratual, foi apontado que, quando o investimento em *startups* não é formalizado por meio da obtenção de participação societária (diretamente na pessoa jurídica da *startup* ou então via sociedade em conta de participação), as opções existentes são o mútuo conversível em participação societária, as debêntures conversíveis em participação societária, a opção de compra de participação societária e o contrato de participação.

Tendo em vista que muitas vezes o investidor não deseja em um primeiro momento tornar-se sócio da *startup* (principalmente para evitar a exposição do seu patrimônio pessoal), nem deseja optar pela aquisição de participação de uma sociedade em conta de participação, dentre as demais alternativas uma das opções mais recomendadas é o contrato de mútuo conversível em participação societária.

Acredita-se que a opção pelo contrato de mútuo conversível em participação societária seja frequente não apenas por ser um investimento que é formalizado de forma ágil e pouco custosa e pelas outras vantagens apontadas na subseção 4.2.2, mas também por ser a forma que foi disseminada pelo país desde o início. Isso ocorreu pelo fato de essa espécie de contrato ser uma adaptação do modelo norte-americano das

[319] Como, por exemplo, ingerência do sócio investidor em decisões estratégicas, poder de controle e eventuais poderes de veto, limitações à negociação de quotas ou ações, destinação dos lucros, entre outras.

convertible notes, e, portanto, com a qual os investidores sentem-se mais confortáveis, por a conhecerem melhor.[320]

Pesa contra a opção pelas debêntures conversíveis em participação societária o seu custo elevado e o fato de não haver nesse momento segurança jurídica para a sua utilização por sociedades limitadas.

A opção de compra de participação societária não costuma ser escolhida pelo investidor em detrimento do mútuo conversível por, além de não trazer vantagens, poder resultar em uma tributação de ganho de capital maior[321] e não possibilitar que o investidor tente reaver o aporte realizado em caso de insucesso — entretanto, vale frisar, a opção de compra de participação societária é bastante utilizada para a formalização do *vesting* (o qual tem como objetivo valorizar colaboradores estratégicos para mantê-los nas *startups* por um longo período).

O contrato de participação, por sua vez, é um instrumento relativamente novo e pouco conhecido pelo mercado. Ademais, a falta de vantagens dele em relação às outras opções e a tributação pouco interessante o tornam uma alternativa geralmente não recomendada.

Independentemente da forma que for utilizada para a concretização do investimento, é muito importante que tanto investidor quanto empreendedor negociem cuidadosamente todos os termos e condições que regularão a relação entre eles. Para tanto, devem fazer uso de cláusulas contratuais estratégicas (como as abordadas na subseção 5.1) e de instrumentos contratuais correlatos aos investimentos, como o acordo de confidencialidade, a carta de intenções e o memorando de entendimentos.

Embora não haja dúvidas sobre as estruturas societárias e contratuais que costumam ser mais utilizadas pelo ecossistema das *startups* neste momento, evidencia-se que não há uma receita para o sucesso nem uma opção única que é mais adequada a toda e qualquer hipótese. Por essa razão, é importante que seja realizada a análise de cada *startup* e de cada investimento de maneira individual, pois nem sempre a fórmula mais comum é a mais adequada.

320 Conforme: Marques, Rafael Younis. **Notas conversíveis no equity crowdfunding**: Sociedade de fato e risco de responsabilidade pessoal do investidor. Coleção Academia-Empresa 14. São Paulo: Quartier Latin, 2015, p. 89.

321 Conforme abordado na subseção 4.4.1.

REFERÊNCIAS

(a) Obras

ABRÃO, Nelson. **Sociedades limitadas**. 10. Ed. Rev., atual. e ampl. São Paulo: Saraiva, 2012.

AGUIAR JÚNIOR, Ruy Rosado de. A desconsideração da pessoa jurídica e a falência. In: ESTEVEZ, André Fernandes; JOBIM, Marcio Felix (org.). **Estudos de direito empresarial**: Homenagem aos 50 anos de docência do Professor Peter Walter Ashton. São Paulo: Saraiva, 2012.

AZEVEDO, Júlio Cesar da Rocha Germano de. Inovação, startups e o direito. In: JÚDICE, Lucas Pimenta; NYBO, Erik Fontenele (coord.). **Direito das startups**. Curitiba: Juruá, 2016.

BORBA, José Edwaldo Tavares. **Direito societário**. 13.ed. rev. e atual. Rio de Janeiro: Renovar, 2012.

CARVALHOSA, Modesto. **Acordo de Acionistas**: homenagem a Celso Barbi Filho. 2.ed. São Paulo: Saraiva, 2015.

_______. **Comentários à lei de sociedades anônimas**, 2º volume: artigos 75 a 137. 4 ed. rev. e atual. São Paulo: Saraiva, 2008.

_______. **Comentários ao Código Civil**: parte especial: do direito de empresa (artigos 1.052 a 1.195), volume 13 (coord. Antônio Junqueira de Azevedo). São Paulo: Saraiva, 2003.

CHINAITE, Carlos Eduardo de Sousa; WUO, Fábio Soares. Apontamentos sobre vesting no Brasil. In: REZENDE, Luiza (org.). **Direito para empreendedores**. São Paulo: Évora, 2016.

COELHO, Giulliano Tozzi; GARRIDO, Luiz Gustavo. Dissecando o contrato entre startups e investidores anjo. In: JÚDICE, Lucas Pimenta; NYBO, Erik Fontenele (coord.). **Direito das startups**. Curitiba: Juruá, 2016.

CORVO, Erik. Acordo de sócios de sociedades limitadas à luz do Código Civil de 2002. In: ADAMEK, Marcelo Vieira von. **Temas de direito societário e empresarial contemporâneos**. São Paulo: Malheiros, 2011.

COUTINHO, Sérgio Mendes Botrel. **Fusões e aquisições**. São Paulo: Saraiva, 2016.

DELGADO, Maurício Godinho. Curso de direito do trabalho. 9.ed. São Paulo: LTr, 2010 apud SALAMA, Bruno Meyerhof. **O fim da responsabilidade limitada no Brasil** — História, Direito e Economia. São Paulo: Malheiros, 2014.

DEPERON, Mariana Pazianotto. **Responsabilidade civil pela ruptura ilegítima das tratativas**. Curitiba: Juruá, 2009.

EIZERIK, Nelson. **A Lei das S/A Comentada**. Volume I — Arts. 1º a 120. São Paulo: Quartier Latin, 2011.

_______; GAAL, Ariádna B.; PARENTE, Flávia; HENRIQUES, Marcus de Freitas. **Mercado de capitais** — regime jurídico. 2.ed. Rio de Janeiro: Renovar, 2008.

FALCÃO, João Pontual de Arruda. Uma visão 360º do direito brasileiro aplicável às startups. In: JÚDICE, Lucas Pimenta (coord.). **Direito das startups** — volume II. Curitiba: Juruá, 2017.

FLACH, Pedro; SILVA, Layon Lopes da. Debêntures: o que são, sua regulamentação e utilização por sociedades limitadas. In: JÚDICE, Lucas Pimenta; NYBO, Erik Fontenele (coord.). **Direito das startups**. Curitiba: Juruá, 2016.

GAUDÊNCIO, Samuel Carvalho; MCNAUGHTON, Charles William. **Fusões e aquisições**: prática jurídica no M&A. São Paulo: IOB, 2016.

JÚDICE, Lucas Pimenta; NYBO, Erik Fontenele. Natureza jurídica do vesting: como uma tradução errada pode acabar com o futuro tributário e trabalhista de uma startup. In: _______ (coord.). **Direito das startups**. Curitiba: Juruá, 2016.

JÚDICE, Lucas Pimenta. Notas sobre a possibilidade de uma optante pelo simples nacional constituir uma sociedade em conta de participação. In: _______; NYBO, Erik Fontenele (coord.). **Direito das startups**. Curitiba: Juruá, 2016.

_______. Qual o melhor instrumento de investimento para você, seja empreendedor ou investidor? In: _______ (coord.). **Direito das startups** — volume II. Curitiba: Juruá, 2017.

LUCENA, José Waldecy. Das sociedades limitadas. 6.ed. Rio de Janeiro: Renovar, 2005 apud FLACH, Pedro; SILVA, Layon Lopes da. Debêntures: o que são, sua regulamentação e utilização por sociedades limitadas. In: Júdice, Lucas Pimenta; Nybo, Erik Fontenele (coord.). **Direito das startups**. Curitiba: Juruá, 2016.

Marques, Rafael Younis. **Notas conversíveis no equity crowdfunding**: sociedade de fato e risco de responsabilidade pessoal do investidor. Coleção Academia-Empresa 14. São Paulo: Quartier Latin, 2015.

Mattos Filho, Ary Oswaldo. **Direito dos Valores Mobiliários** (Volume 1 — Dos Valores Mobiliários. Tomo 2). Rio de Janeiro: FGV, 2015.

Miranda, Pontes de. Tratado de direito privado: direito das obrigações. São Paulo: Revista dos Tribunais, 2012 (Coleção tratado de direito privado: parte especial; 42). In: Marques, Rafael Younis. **Notas conversíveis no equity crowdfunding**: Sociedade de fato e risco de responsabilidade pessoal do investidor. Coleção Academia-Empresa 14. São Paulo: Quartier Latin, 2015.

_______. Tratado de direito Privado. t. XLIX. São Paulo: Revista dos Tribunais, 2012 apud Eizerik, Nelson. **Direito Societário** — Estudos e Pareceres. São Paulo: Quartier Latin, 2015.

Moretti, Eduardo. Investimento-Anjo: Instrumentos Legais e os Impactos da Lei Complementar n. 155/2016. In: Moretti, Eduardo; Oliveira, Leandro Antonio Godoy (orgs.). **Startups**: aspectos jurídicos relevantes. Rio de Janeiro: Lumen Juris, 2018.

Müssnich, Francisco Antunes Maciel; Peres, Fábio Henrique. Notas acerca das quotas no direito brasileiro. In: Azevedo, Luís André N. de Moura; Castro, Rodrigo R. Monteiro de (coord.). **Sociedade limitada contemporânea**. São Paulo: Quartier Latin, 2013.

Neves, Renato Ourives. **Opções de compra e de venda**: call e put. Belo Horizonte: Del Rey, 2016.

Nybo, Erik Fontenele. Memorando de entendimentos para pré-constituição de uma startup. In: _______; Júdice, Lucas Pimenta (coord.). **Direito das startups**. Curitiba: Juruá, 2016.

Oliveira, Bernardo Mattei de Cabane. Direito empresarial e societário para empreendedores. In: Teixeira, Tarcisio; Lopes, Alan Moreira (coord.). **Startups e inovação**: direito no empreendedorismo (entrepreneurship law). Barueri: Manole, 2017.

Olivério, João Otávio Pinheiro. Acordo de confidencialidade, não competição e não solicitação: a proteção de informações estratégicas e a restrição à liberdade criativa e a livre-iniciativa. In: Júdice, Lucas

Pimenta; Nybo, Erik Fontenele (coord.). **Direito das startups**. Curitiba: Juruá, 2016.

Peres, Tatiana Bonatti. **Opção de compra**. Curitiba: Juruá, 2011.

Picchi, Flávio Augusto. A sociedade em conta de participação e os contratos de investimento coletivo: paralelismo e assimetria. in Revista de Direito Mercantil, Industrial, Econômico e Financeiro, v. 43, n. 134, abr./jun. 2004, p. 195-196 apud Ramires, Rogerio. **A sociedade em conta de participação no direito brasileiro**. São Paulo: Almedina, 2011.

Pitta, Andre Grünspun. A possibilidade de emissão de debêntures por sociedade limitada regida supletivamente pela lei das sociedades por ações. In: Azevedo, Luís André N. de Moura; Castro, Rodrigo R. Monteiro de (coord.). **Sociedade limitada contemporânea**. São Paulo: Quartier Latin, 2013.

Potenza, Guilherme Peres; Luize, Marcelo Shima. O processo de M&A de startups investidas por fundos de venture capital. In: Júdice, Lucas Pimenta (coord.). **Direito das startups** — volume II. Curitiba: Juruá, 2017.

Ramires, Rogerio. **A sociedade em conta de participação no direito brasileiro**. São Paulo: Almedina, 2011.

Ries, Eric. **A startup enxuta**: como os empreendedores atuais utilizam a inovação contínua para criar empresas extremamente bem-sucedidas. — São Paulo: Lua de Papel, 2012.

Roppo, Enzo. **O contrato**. 1.ed. Coimbra: Almedina, 2009.

Salama, Bruno Meyerhof. **O fim da responsabilidade limitada no Brasil** — História, Direito e Economia. São Paulo: Malheiros, 2014.

Salomão Filho, Calixto. **O novo direito societário**. 4.ed. São Paulo: Malheiros, 2011.

Santana, Leonardo. Mútuo conversível em participação — uma alternativa econômica e eficaz de captação de recursos. In: Júdice, Lucas Pimenta (coord.). **Direito das startups** — volume II. Curitiba: Juruá, 2017.

Silva, Marcus Alexandre da. Acordo de quotistas: ferramenta para a estabilidade e gestão de conflitos em startups. In: Júdice, Lucas Pimenta (coord.). **Direito das startups** — volume II. Curitiba: Juruá, 2017.

Spina, Cassio A. **Investidor-anjo**: guia prático para empreendedores e investidores. São Paulo: nVersos, 2012.

Teixeira, Tarcisio; LOPES, Alan Moreira. Direito empresarial e societário para empreendedores. In: _______ (coord.). **Startups e inovação**:

direito no empreendedorismo (entrepreneurship law). Barueri: Manole, 2017.

VEIGA, Marcelo Godke; OIOLI, Erik Frederico. As sociedades limitadas e o mercado de capitais. In: AZEVEDO, Luís André N. de Moura; CASTRO, Rodrigo R. Monteiro de (coord.). **Sociedade limitada contemporânea**. São Paulo: Quartier Latin, 2013.

WANDERLEY, Thiago Barbosa. A tributação dos ganhos do investidor-anjo nas startups (microempresas e empresas de pequeno porte). **Revista de Direito Tributário Contemporâneo**, v. 8/2017, p. 1-6, set.-out. 2017. Disponível em: <https://bit.ly/2tzYp94>. Acesso em: 03 jun. 2018. (Paginação da versão eletrônica difere da versão impressa).

WITTE, Natalie Carvalho. Desmitificando a sociedade anônima. In: JÚDICE, Lucas Pimenta (coord.). **Direito das startups** — volume II. Curitiba: Juruá, 2017.

_______. Negociando um investimento: cláusulas e conceitos jurídicos no term sheet. In: JÚDICE, Lucas Pimenta (coord.). **Direito das startups** — volume II. Curitiba: Juruá, 2017.

(b) Artigos não científicos e outros documentos

ABRAII — ASSOCIAÇÃO BRASILEIRA DE EMPRESAS ACELERADORAS DE INOVAÇÃO E INVESTIMENTO; STARTUP BRASIL. **Programa de aceleração de empresas**. Disponível em: <https://bit.ly/2KeOy2D>. Acesso em: 16 jun. 2018.

ABREU, Paulo R. M.; CAMPOS, Newton M. **O panorama das aceleradoras de startups no Brasil** (FGV EAESP Centro de Estudos em Private Equity). CreateSpace Independent Publishing Plataform. Jul. 2016. Disponível em: <https://bit.ly/2MziqYU>. Acesso em: 18 ago. 2018.

ABSTARTUPS — ASSOCIAÇÃO BRASILEIRA DE STARTUPS; ACCENTURE. **Radiografia do ecossistema brasileiro de startups**. 2017. Disponível em: <https://bit.ly/2ATkMgy>. Acesso em: 17 ago. 2018.

ABVCAP — ASSOCIAÇÃO BRASILEIRA DE PRIVATE EQUITY & VENTURE CAPITAL. **Apresentação institucional**. Mai. 2014. Disponível em: <https://bit.ly/2L87IUb>. Acesso em: 19 ago. 2018.

_______; KPMG. **Consolidação de Dados da Indústria de Private Equity e Venture Capital no Brasil:** 2011 a 2017. 2018. Disponível em: <https://bit.ly/2nMNUww>. Acesso em: 18 ago. 2018.

AGÊNCIA BRASILEIRA DE DESENVOLVIMENTO INDUSTRIAL. **A Indústria de Private Equity e Venture Capital** — 2º Censo Brasileiro. Brasília: Agência Brasileira de Desenvolvimento Industrial, mar. 2011. Disponível em: <https://bit.ly/2wfRjIa>. Acesso em: 21 ago. 2018.

Agostini, Renata. Nova York, uma rival para o Vale do Silício. **Revista Exame**. 23 mar. 2011. Disponível em: <https://abr.ai/2Kh6NkP>. Acesso em: 18 jun. 2018.

Aguilhar, Ligia. Google cria campus para startups em São Paulo. **Revista Exame**. 22 jul. 2014. Disponível em: <https://abr.ai/2MSU2i9>. Acesso em: 18 jun. 2018.

______. São Paulo é a 13ª melhor cidade do mundo para startups. Época Negócios. 21 nov. 2012. Disponível em: <https://glo.bo/2Mh8nUm>. Acesso em 18 jun. 2018.

Albuquerque, Flavia. Pesquisa: 84% das micro e pequenas empresas não querem empréstimos. **Agência Brasil**. 22 jun. 2017. Disponível em: <https://bit.ly/2ty8R03>. Acesso em: 19 ago. 2018.

Andrade, Lisane. 4 tipos de campanhas de crowdfunding. **Meu Financiamento Coletivo**. 22 mai. 2015. Disponível em: <https://bit.ly/2yFKnbM>. Acesso em: 24 jun. 2018.

BANCO CENTRAL DO BRASIL. **Pessoa Jurídica — Capital de Giro com Prazo Até 365 Dias** (Tipo de Encargo: Pré-fixado). Ago. 2018. Disponível em: <https://bit.ly/2PmMQMh>. Acesso em: 19 ago. 2018.

______. **Pessoa Jurídica — Capital de Giro com Prazo Até 365 Dias** (Tipo de Encargo: Pós-fixado referenciado em juros flutuantes). Ago. 2018. Disponível em: <https://bit.ly/2L7LPVk>. Acesso em: 19 ago. 2018.

______. **Pessoa Jurídica — Capital de Giro com Prazo Superior a 365 Dias** (Tipo de Encargo: Pré-fixado). Ago. 2018. Disponível em: <https://bit.ly/2PkizOh>. Acesso em: 19 ago. 2018.

______. **Pessoa Jurídica — Capital de Giro com Prazo Superior a 365 Dias** (Tipo de Encargo: Pós-fixado referenciado em juros flutuantes). Ago. 2018. Disponível em: <https://bit.ly/2MADkXC>. Acesso em: 19 ago. 2018.

______. **RDE-IED — Manual do Declarante**. Abr. 2018. Disponível em: <https://bit.ly/2w29l0Y>. Acesso em 21 ago. 2018.

______. **Novo RDE-ROF — Empréstimo Diretos e Títulos — Manual do Declarante**. 14 ago. 2018. Disponível em: <https://bit.ly/2Lh5rGu>. Acesso em 21 ago. 2018.

BENEVIDES, Bruno. Na busca por inovação, empresas criam programas para acolher startups. **Folha de S.Paulo**. 10 abr. 2017. Disponível em: <https://bit.ly/2Ml4Kgb>. Acesso em: 16 jun. 2018.

CRUZ, Renato. Por que o Vale se chama do Silício. **O Estado de S.Paulo**. 11 set. 2011. Disponível em: <https://bit.ly/2Ip3fuV>. Acesso em: 13 jun. 2018.

DALMAZO, Luiza. O novo boom de startups. **Revista Exame**, São Paulo, ed. 977, ano 44, n. 18, p. 162-169, 2010.

DISTRITO. **Corrida dos Unicórnios 2021**. Disponível em: <https://distrito.me/dataminer/reports/>. Acesso em 27 jul. 2022.

_______. **Corrida dos Unicórnios 2022**. Disponível em: <https://distrito.me/dataminer/reports/>. Acesso em 27 jul. 2022.

_______. **Report Retrospectiva 2021**. Disponível em: <https://distrito.me/dataminer/reports/>. Acesso em 27 jul. 2022.

EGAN, Edward J.; DAYTON, Anne; CARRANZA, Diana. **The Top 100 U.S. Startup Cities in 2016**. James A. Baker III Institute for Public Policy. Dez. 2017. Disponível em: <https://bit.ly/2nP57pa>. Acesso em: 18 ago. 2018.

FILIPPI, Paula Di; MENEZES, Rodrigo. Term sheet: o primeiro passo para um investimento venture. **Capital Aberto**. 01 dez. 2012. (Boletins / V.C. & Empreendedorismo / Edição 112) Disponível em: <https://bit.ly/2MWOIdp>. Acesso em: 20 jun. 2018.

FONSECA, Mariana. Por que o Brasil vive uma avalanche de unicórnios. **Revista Exame**. 21 mar. 2018. Disponível em: <https://abr.ai/2H5jZY7>. Acesso em: 07 ago. 2018.

FUNDERBEAM. **Global Funding Report 2017**. 2018. Disponível em: <https://www.funderbeam.com/api/reports/2017>. Acesso em: 18 ago. 2018.

_______. **Startup Investment Report: Estonia**. 2017. Disponível em: <https://www.funderbeam.com/api/reports/2017est>. Acesso em: 18 ago. 2018.

GITAHY, Yuri. O que é uma startup?. **Revista Exame**. Out. 2010. Disponível em: <https://abr.ai/1uWEtcd>. Acesso em: 27 mai. 2016.

GOMES, Thomaz. As 100 startups brasileiras para ficar de olho. **Pequenas Empresas & Grandes Negócios**. 05 abr. 2018. Disponível em: <https://glo.bo/2JntN1p>. Acesso em: 18 jun. 2018.

JUNTA COMERCIAL DO ESTADO DE SÃO PAULO. **Relatório de atividades 2012-2011**: nasce uma nova JUCESP. Jan. 2013. Disponível em: <https://bit.ly/2OYnuDD>. Acesso em: 22 ago. 2018.

LAM, Camila. Investidor-anjo quer startup de TI e app, diz pesquisa. **Revista Exame**. 3 jul. 2013. Disponível em: <https://abr.ai/2KfmclC>. Acesso em: 18 jun. 2018.

MANZONI JR., Ralphe. Aplicativo 99 torna-se, oficialmente, primeiro unicórnio brasileiro. **Istoé Dinheiro**. 02 jan. 2018. Disponível em: <https://bit.ly/2EPQRXY>. Acesso em: 07 ago. 2018.

MATOS, Felipe. Incubadora ou aceleradora? Saiba quais são as principais diferenças entre as duas e qual é mais adequada para a sua empresa. **Pequenas Empresas & Grandes Negócios**. 03 jun. 2013. Disponível em: <https://glo.bo/2K5zrJM>. Acesso em: 27 nov. 2016.

MENEZES, Rodrigo; ALEXANDRINO, Júlio. A cláusula de não competição no contrato de investimento. **Capital Aberto**. 01 fev. 2013. (Boletins / V.C. & Empreendedorismo / Edição 114) Disponível em: <https://bit.ly/2yEazmY>. Acesso em: 20 jun. 2018.

MORRIS, Rhett; PENIDO, Mariana. **Como o Vale do Silício se tornou o Vale do Silício?** Três surpreendentes lições para outras cidades e regiões. Endeavor Insight. Jul. 2014. Disponível em: <https://bit.ly/2Ip3juF>. Acesso em: 13 jun. 2018.

MUNARO, Juliana. Startups ajudam grandes empresas a entrarem para mundo da indústria 4.0. **Pequenas Empresas & Grandes Negócios**. 31 dez. 2017. Disponível em: <https://glo.bo/2DBcXbR>. Acesso em: 18 jun. 2018.

OLIVEIRA, Filipe. Investimento em startups brasileiras bate recorde em 2017. **Folha de S.Paulo**. 26 mar. 2018. Disponível em: <https://bit.ly/2E4WVXi>. Acesso em: 18 jun. 2018.

PRZEM. **What is a startup?** The historical background. Jan. 2017. Disponível em: <https://bit.ly/2IoR7Kr>. Acesso em: 13 jun. 2018.

REIS, Edgar Vidigal de Andrade. **Marco Legal das Startups: O que muda na prática?**. 09 jun. 2021. Disponível em: < https://vidigalreis.com.br/marco-legal-das-startups-o-que-muda-na-pratica/>. Acesso em: 26 jul. 2022.

_______. **Tipos de investidor por fase da startup**. 25 mai. 2021. Disponível em: <https://vidigalreis.com.br/tipos-de-investidor-por-fase-da-startup/>. Acesso em: 26 jul. 2022.

RIGA, Matheus. Além do US$ 1 bi: o que as startups unicórnios brasileiras têm em comum. **Estadão PME**. 13 mar. 2018. Disponível em: <https://bit.ly/2OQLt8A>. Acesso em: 07 ago. 2018.

ROCHA, Daniela. Ninhos de startups. **Revista Exame**, São Paulo, ed. 1108, ano 50, n. 4, p. 32-37, 2016.

RUSSO, Ricardo Simões; RAMOS, Renato Holsback. **Emissão de debêntures por sociedade limitada**. 13 jul. 2020. Disponível em: <https://bit.ly/3SgSpMY> Acesso em: 27 jul. 2022.

SANTOS, Priscilla. Startup Brasil. **Revista Galileu**. Disponível em: <https://glo.bo/2K2v6XA>. Acesso em: 13 jun. 2018.

SERRANO, Filipe; KOJIKOVSKI, Gian; KATO, Rafael. Geração startup. **Revista Exame**, São Paulo, ed. 1102, ano 49, n. 22, p. 42-54, 2015.

SILICON VALLEY HISTORICAL ASSOCIATION. **Apple Computer**. 2008. Disponível em: <https://bit.ly/2wd0fxM>. Acesso em: 18 ago. 2018.

_______. **Hewlett-Packard**. 2008. Disponível em: <https://bit.ly/2Mz9faB>. Acesso em: 18 ago. 2018.

_______. **Intel**. 2008. Disponível em: <https://bit.ly/2BuDBXs>. Acesso em: 18 ago. 2018.

STARTUP. In: **American Heritage Dictionary of the English Language**. 5.ed. Houghton Mifflin Harcourt Publishing Company, 2011. Disponível em: <http://www.thefreedictionary.com/startup>. Acesso em: 20 nov. 2016.

STARTUP. **Investopedia**. Disponível em: <https://bit.ly/2ur9AEN>. Acesso em: 13 jun. 2018.

STARTUP. In: **Oxford English Dictionary**. 3.ed. Oxford University Press, 2016. Disponível em: <http://www.oed.com.proxy.library.nyu.edu/view/Entry/189205?isAdvanced=true&result=1&rskey=Hhckfz&&print>. Acesso em: 19 jun. 2018.

TAVARES, Marco Antônio; MENEZES, Rodrigo. Drag along em operações de venture capital. **Capital Aberto**. 01 ago. 2013. (V.C. & Empreendedorismo / Edição 120) Disponível em: <https://bit.ly/2K6s6td>. Acesso em: 20 jun. 2018.

(c) Normas

BRASIL. Decreto n. 9.580, de 22 de novembro de 2018. Regulamenta a tributação, a fiscalização, a arrecadação e a administração do Imposto sobre a Renda e Proventos de Qualquer Natureza. **Palácio do Planalto Presidência da República**. Brasília, DF, 26 mar. 1999. Disponível em:

<http://www.planalto.gov.br/ccivil_03/_ato2015-2018/2018/decreto/D9580.htm >. Acesso em: 27 jul. 2022.

_______. Decreto-lei n. 5.452, de 1º de maio de 1943. Aprova a Consolidação das Leis do Trabalho. **Presidência da República**, Rio de Janeiro, RJ, 1 mai. 1943. Disponível em: <http://www.planalto.gov.br/ccivil_03/decreto-lei/del5452.htm>. Acesso em: 27 jul. 2022.

_______. Lei Complementar n. 123, de 14 de dezembro de 2006. Institui o Estatuto Nacional da Microempresa e da Empresa de Pequeno Porte; altera dispositivos das Leis no 8.212 e 8.213, ambas de 24 de julho de 1991, da Consolidação das Leis do Trabalho — CLT, aprovada pelo Decreto-Lei no 5.452, de 1o de maio de 1943, da Lei no 10.189, de 14 de fevereiro de 2001, da Lei Complementar no 63, de 11 de janeiro de 1990; e revoga as Leis no 9.317, de 5 de dezembro de 1996, e 9.841, de 5 de outubro de 1999. **Palácio do Planalto Presidência da República**, Brasília, DF, 14 dez. 2006. Disponível em: <http://www.planalto.gov.br/ccivil_03/Leis/lcp/lcp123.htm>. Acesso em: 03 jun. 2018.

_______. Lei Complementar n. 155, de 27 de outubro de 2016. Altera a Lei Complementar no 123, de 14 de dezembro de 2006, para reorganizar e simplificar a metodologia de apuração do imposto devido por optantes pelo Simples Nacional; altera as Leis nos 9.613, de 3 de março de 1998, 12.512, de 14 de outubro de 2011, e 7.998, de 11 de janeiro de 1990; e revoga dispositivo da Lei no 8.212, de 24 de julho de 1991. **Palácio do Planalto Presidência da República**, Brasília, DF, 27 out. 2016. Disponível em: <http://www.planalto.gov.br/ccivil_03/Leis/lcp/Lcp155.htm>. Acesso em: 03 jun. 2018.

_______. Lei Complementar n. 182, de 1º de junho de 2021. Institui o marco legal das startups e do empreendedorismo inovador; e altera a Lei n. 6.404, de 15 de dezembro de 1976, e a Lei Complementar n. 123, de 14 de dezembro de 2006. **Palácio do Planalto Presidência da República**, Brasília, DF, 1 jun. 2021. Disponível em: <http://www.planalto.gov.br/ccivil_03/leis/lcp/Lcp182.htm>. Acesso em: 27 jul. 2022.

_______. Lei n. 5.172, de 25 de outubro de 1966. Dispõe sobre o Sistema Tributário Nacional e institui normas gerais de direito tributário aplicáveis à União, Estados e Municípios. **Palácio do Planalto Presidência da República**, Brasília, DF, 25 out. 1966. Disponível em: <http://www.planalto.gov.br/ccivil_03/Leis/L5172Compilado.htm>. Acesso em: 05 jun. 2018.

_______. Lei n. 6.385, de 07 de dezembro de 1976. Dispõe sobre o mercado de valores mobiliários e cria a Comissão de Valores Mobiliários. **Palácio do Planalto Presidência da República**, Brasília, DF, 07 dez. 1976. Disponível em: <http://www.planalto.gov.br/ccivil_03/Leis/L6385compilada.htm>. Acesso em: 22 mai. 2018.

_______. Lei n. 6.404, de 15 de dezembro de 1976. Dispõe sobre as Sociedades por Ações. **Palácio do Planalto Presidência da República**, Brasília, DF, 15 dez. 1976. Disponível em: <http://www.planalto.gov.br/ccivil_03/Leis/L6404compilada.htm>. Acesso em: 03 jun. 2018.

_______. Lei n. 8.078, de 11 de setembro de 1990. Dispõe sobre a proteção do consumidor e dá outras providências. **Palácio do Planalto Presidência da República**, Brasília, DF, 11 set. 1990. Disponível em: <http://www.planalto.gov.br/ccivil_03/Leis/L8078compilado.htm>. Acesso em: 05 jun. 2018.

_______. Lei n. 9.605, de 12 de fevereiro de 1998. Dispõe sobre as sanções penais e administrativas derivadas de condutas e atividades lesivas ao meio ambiente, e dá outras providências. **Palácio do Planalto Presidência da República**, Brasília, DF, 12 fev. 1998. Disponível em: <http://www.planalto.gov.br/ccivil_03/Leis/L9605.htm>. Acesso em: 05 jun. 2018.

_______. Lei n. 10.406, de 10 de janeiro de 2002. Institui o Código Civil. **Palácio do Planalto Presidência da República**, Brasília, DF, 10 jan. 2002. Disponível em: <http://www.planalto.gov.br/CCivil_03/Leis/2002/L10406compilada.htm>. Acesso em: 15 jun. 2018.

_______. Lei n. 12.529, de 30 de novembro de 2011. Estrutura o Sistema Brasileiro de Defesa da Concorrência; dispõe sobre a prevenção e repressão às infrações contra a ordem econômica; altera a Lei no 8.137, de 27 de dezembro de 1990, o Decreto-Lei no 3.689, de 3 de outubro de 1941 — Código de Processo Penal, e a Lei no 7.347, de 24 de julho de 1985; revoga dispositivos da Lei no 8.884, de 11 de junho de 1994, e a Lei no 9.781, de 19 de janeiro de 1999; e dá outras providências. **Palácio do Planalto Presidência da República**, Brasília, DF, 30 nov. 2011. Disponível em: <http://www.planalto.gov.br/ccivil_03/_ato2011-2014/2011/Lei/L12529.htm>. Acesso em: 05 jun. 2018.

_______. Lei n. 12.846, de 1º de agosto de 2013. Dispõe sobre a responsabilização administrativa e civil de pessoas jurídicas pela prática de atos contra a administração pública, nacional ou estrangeira, e dá outras providências. **Palácio do Planalto Presidência da República**, Brasília, DF,

01 ago. 2013. Disponível em: <http://www.planalto.gov.br/ccivil_03/_ato2011-2014/2013/lei/l12846.htm>. Acesso em: 05 jun. 2018.

_______. Lei n. 13.105, de 16 de março de 2015. Código de Processo Civil. **Palácio do Planalto Presidência da República**, Brasília, DF, 16 mar. 2015. Disponível em: <http://www.planalto.gov.br/ccivil_03/_ato2015-2018/2015/lei/l13105.htm>. Acesso em: 05 jun. 2018.

_______. Receita Federal do Brasil. Instrução Normativa RFB n. 1719, de 19 de julho de 2017. Dispõe sobre a tributação relacionada às operações de aporte de capital de que trata o art. 61-A da Lei Complementar n. 123, de 14 de dezembro de 2006. **Secretaria da Receita Federal do Brasil**, Brasília, DF, 19 jul. 2017. Disponível em: <http://normas.receita.fazenda.gov.br/sijut2consulta/link.action?visao=anotado&idAto=84618>. Acesso em: 03 jun. 2018.

_______. Tribunal Superior do Trabalho. Resolução n. 203, de 15 de março de 2016. Edita a Instrução Normativa nº 39, que dispõe sobre as normas do Código de Processo Civil de 2015 aplicáveis e inaplicáveis ao Processo do Trabalho, de forma não exaustiva. **Pleno do Tribunal Superior do Trabalho**, Brasília, DF, 10 mar. 2016. Disponível em: <http://www.tst.jus.br/documents/10157/429ac88e-9b78-41e5-ae28-2a5f8a27f1fe>. Acesso em: 05 jun. 2018.

COMISSÃO DE VALORES MOBILIÁRIOS (CVM). Instrução CVM n. 578, de 30 de agosto de 2016. Dispõe sobre a constituição, o funcionamento e a administração dos Fundos de Investimento em Participações. **Presidência da Comissão de Valores Mobiliários — CVM**, Rio de Janeiro, RJ, 30 ago. 2016. Disponível em: <http://www.cvm.gov.br/export/sites/cvm/legislacao/instrucoes/anexos/500/inst578consolid.pdf>. Acesso em: 18 jun. 2018.

_______. Resolução CVM n. 88, de 27 de abril de 2022. Dispõe sobre a oferta pública de distribuição de valores mobiliários de emissão de sociedades empresárias de pequeno porte realizada com dispensa de registro por meio de plataforma eletrônica de investimento participativo e revoga a Instrução CVM n. 588, de 13 de julho de 2017. **Presidência da Comissão de Valores Mobiliários — CVM**, Rio de Janeiro, RJ, 27 abr. 2022. Disponível em: <https://conteudo.cvm.gov.br/export/sites/cvm/legislacao/resolucoes/anexos/001/resol088consolid.pdf>. Acesso em: 26 jul. 2022.

DEPARTAMENTO DE REGISTRO EMPRESARIAL E INTEGRAÇÃO (DREI). Instrução Normativa DREI n. 38, de 02 de março de 2017. Institui os Manuais de Registro de Empresário Individual, Sociedade Limitada, Empresa Individual de Responsabilidade Limitada — EIRELI, Cooperativa e Sociedade Anônima. **Diretor do Departamento de Registro Empresarial e Integração — DREI**, Brasília, DF, 02 mai. 2017. Disponível em: <https://bit.ly/2wfm281>. Acesso em: 20 ago. 2018.

_______. Instrução Normativa DREI n. 81, de 10 de junho de 2020. Dispõe sobre as normas e diretrizes do Registro Público de Empresas, bem como regulamenta as disposições do Decreto n. 1.800, de 30 de janeiro de 1996. **Diretor do Departamento Nacional de Registro Empresarial e Integração — DREI**, Brasília, DF, 10 jun. 2020. Disponível em: <https://bit.ly/3badkQY>. Acesso em: 27 jul. 2022.

_______. Manual de Registro de Sociedade Limitada. **Ministério da Economia**, Brasília, DF, 15 jun. 2020. Disponível em: <https://bit.ly/3zgwFrD>. Acesso em: 27 jul. 2022.

(d) Jurisprudência

BRASIL. **Secretaria da Receita Federal do Brasil**. Solução de Consulta n. 10024. Julgador: Iolanda Maria Bins Perin. Órgão julgador: Divisão de Tributação da 10ª Região Fiscal. Data da publicação: 03 jul. 2015. Disponível em: <https://bit.ly/2ByS44I>. Acesso em: 22 ago. 2018.

BRASÍLIA. **Conselho Administrativo de Recursos Fiscais**. Recurso Especial do Procurador. Acórdão n. 9101-002.009. Relator: Valmir Sandri. Data da sessão: 07 out. 2014. Disponível em: <https://bit.ly/1QyYj5A>. Acesso em: 20 ago. 2018.

RIO DE JANEIRO. **Junta Comercial do Estado do Rio de Janeiro**. Processo n. 07-2012/232000-0. Julgador: Gustavo Tavares Borba. Órgão julgador: Procuradoria Regional da JUCERJA. Data: 28 ago. 2012. Disponível em: <https://bit.ly/2L9fEop>. Acesso em: 21 ago. 2018.

SÃO PAULO. **Junta Comercial do Estado de São Paulo**. Ata da Sessão Plenária da JUCESP n. 047/2012, ordinária. Data: 26 jun. 2012. Disponível em: <https://bit.ly/2PrHZcM>. Acesso em: 21 ago. 2018.

SÃO PAULO. **Tribunal de Justiça do Estado de São Paulo**. Apelação n. 0149282-68.2007.8.26.0002. Relator: Paulo Eduardo Razuk. Órgão julgador: 1ª Câmara de Direito Privado. Data do julgamento: 08 mai. 2012. Data da publicação: 09 mai. 2012. Disponível em: <https://bit.ly/2LcFZBO>. Acesso em: 20 ago. 2018.